现代汉语深度语义标注研究

贺胜 著

吉林大学出版社
长春

图书在版编目（CIP）数据

现代汉语深度语义标注研究 / 贺胜著 .—长春：吉林大学出版社，2019.9

ISBN 978-7-5692-5644-4

Ⅰ.①现… Ⅱ.①贺… Ⅲ.①现代汉语－语义－研究 Ⅳ.① H136

中国版本图书馆 CIP 数据核字（2019）第 215700 号

书　　名　现代汉语深度语义标注研究
　　　　　XIANDAI HANYU SHENDU YUYI BIAOZHU YANJIU

作　　者：贺　胜　著
策划编辑：李伟华
责任编辑：卢　婵
责任校对：张文涛
装帧设计：汤　丽
出版发行：吉林大学出版社
社　　址：长春市人民大街 4059 号
邮政编码：130021
发行电话：0431-89580028/29/21
网　　址：http：//www.jlup.com.cn
电子邮箱：jdcbs@jlu.edu.cn
印　　刷：北京虎彩文化传播有限公司
开　　本：787mm × 1092mm　　1/16
印　　张：12.75
字　　数：190 千字
版　　次：2019 年 9 月　第 1 版
印　　次：2019 年 9 月　第 1 次
书　　号：ISBN 978-7-5692-5644-4
定　　价：66.00 元

前 言

当前，世界各国学者都十分重视自然语言处理的知识资源的建设，建立了许多带各种标注信息的语料库，以适应更为深入的语言研究和自然语言处理系统的需要。在中文信息处理方面，汉语标注资源急需的是句子级的资源，需要一种可以描述出句子中词语与词语之间的深度语义信息的标注语料库。因此，探求半自动、甚至自动地建设大规模深度语义标注语料库的策略、模型、技术及方法显得极为迫切。

语义分析技术是自然语言处理领域中最重要也是最为困难的问题。如何实现有效、深入、自动的句子语义分析，一直是国内外从事自然语言处理的研究者们所关注的重要目标。目前，自然语言处理领域的语义研究主要集中在浅层语义分析。浅层分析虽然降低了语义分析的难度，但是只解决了动核和语义角色的配置问题，对于情态成分以及名核结构所承担角色的内部语义关系并未进行标注，因此还不是句子语义结构的完整揭示。在我们的深度语义标注语料库中，主要是针对九年制中小学语文课本语料进行语义词类和句法语义范畴标注。语义词类指词汇的所属义类。句法语义范畴指语块所对应的语义范畴信息，包括核心范畴、修饰限定范畴、情态范畴、超句范畴。

目前国内外语义词典中的语义分类体系更多的都是基于自然科学或常识，与这些基于常识的各种语义分类相比，我们研制的语义词类其突出特点是语义分类取决于句法语义的需要，可以解决一些仅靠句法分析难以解决的问题，形成了一套面向计算机语言处理的独特的标注体系，对中文信息处理中的句法语义自动分析具有重要意义。根据该指导思想，我们在语义角色标注方法中，使用了一种与传统方法不同的处理策略，我们称之为基于语义词类和语义句型框架的语义角色标注方法，这一方法将汉语语义角色标注从节点的分类问题转化为序列标注问题，由于避开了传统的句法分析环节，使得语义角色标注摆脱了对句法分析的依赖，从而避开了汉语语法分析器造成的时间和性能限制。经测试，新的方法可以取得较高的准确率，并且大大节省了分析的时间，有利于实际应用。

本文围绕现代汉语深度语义标注语料库的建设和应用，进行了一系列的相关技术研究，主要成果如下。

一、针对语料库的建设和应用需要，研制开发了语义词类词典制作工具、语义词类自动标注工具、语义词类检索统计工具、句法语义范畴检索统计工具、语义词类与句法语义范畴对应关系检索统计工具、句型抽取统计工具、句模抽取统计工具、句法语义范畴辅助标注工具等应用软件，为深度语义标注语料库的建设和应用提供了很好的技术支持。

二、收集、制作了 4 万多条的语义词类词典，标注了词性、词类和频率等信息，为语义词类的自动标注提供了语言知识支持。

三、针对语义词类的自动标注，设计了基于隐马模型的标注算法，结合基于动态规划的 Viterbi 算法，在训练语料规模偏小、数据稀疏较严重的情况下仍然取得了封闭测试正确率 94.3%，开放测试正确率 89.1% 的效果。

四、针对语义词类标注中的未登录词问题，提出了基于知网概念定义的未登录词处理方案。经研究发现，语义词类系统和知网概念存在的对应关系主要体现在指称类 - 实体类、陈述类 - 事件类两个方面，并据此制定了相应处理规则。

五、针对句法语义范畴中的语义角色标注，在总结比较现有主流算法的基础上，提出了基于语义词类和语义句型框架的语义角色标注算法，采用 IOB 策略，利用 CRF 模型，结合优化的特征参数，取得了分类精度超过

91.8%，系统 F 值达 78% 的较好成绩。

六、基于已标注的深度语义标注语料库，通过开发相关工具软件，建立了语义词类与句法语义范畴对应关系知识库、语义句型框架库、语义句模知识库，为后续的句法语义研究和应用奠定了更好的基础。

基于语义词类自动标注和句法语义范畴中的语义角色标注研究，从实践上验证了语义语法学在自然语言处理中的可行性和实用性。本文的研究成果进一步丰富了语义语法学理论与方法，为实现汉语句子深层语义分析提供了新的途径，为自然语言处理领域基于语义分析的应用系统提供了一种新的技术支撑。

91.8%，系统 F 值达 78% 的较好成绩。

六、基于已标注的深度语义标注语料库，通过开发相关工具软件，建立了语义词类与句法语义范畴对应关系知识库、语义句型框架库、语义句模知识库，为后续的句法语义研究和应用奠定了更好的基础。

基于语义词类自动标注和句法语义范畴中的语义角色标注研究，从实践上验证了语义语法学在自然语言处理中的可行性和实用性。本文的研究成果进一步丰富了语义语法学理论与方法，为实现汉语句子深层语义分析提供了新的途径，为自然语言处理领域基于语义分析的应用系统提供了一种新的技术支撑。

目　录

绪　论

一、学术背景与选题说明

自然语言理解，归根结底是语义理解。句法分析只是一种手段，目的还是理解句子的意思，理解了句子，才有可能达到对篇章和语用的理解。因此，语义分析是自然语言理解的根本问题，它在自然语言处理中的信息分类、信息过滤、信息检索、语义挖掘和机器翻译等领域有着广泛的应用。在大数据时代，面对海量的信息资源，如何全面、准确、快速地检索出我们所需要的文献，如何挖掘出潜在的信息价值、提供智能的知识服务，如何有效地隔离各种有害信息，这些工作虽然可以仅用统计方法和一些较低层面上的语言学知识取得一定的成果，但是要想使处理系统具有较好的效果，就不能没有一定深度的语义分析。尤其在大数据环境下，语义分析的地位越来越凸显。对文本进行正确的语义分析，一直是从事自然语言理解研究学者们追求的目标。越来越多的学者意识到，自然语言信息处理的本质是语义处理，人工智能面临的最大困惑是“语义障碍”。

经过几十年来语言学者和计算机专家的努力，自然语言处理处理技术已经取得了一定的发展。目前，字、词层面的处理技术比较成熟，应用也很普及。然而句以上层面的处理遇到了困难。针对深层的语义分析的研究还仅限于分析句子浅层的“谓词－论元”结构，还不能满足自然语言处理研究中深层的语义分析需求。特别是汉语属于语义型语言，由于缺乏形式上的标记、语序比较灵活、结构多样、成分隐省、标记模糊、句界游移等特点，依据语形语法学很难进行处理。究竟哪条语义分析路线才适合汉语的语义分析？如何才能取得更为深入的语义分析效果？是值得我们深入思考和研究的。

20 世纪 60 年代以来，西方语法理论出现语言学的语义转向。随后，格语法、配价语法、生成语义学、题元理论等语义研究的新理论被不断引入到国内。越来越多的研究者认识到语义在语言研究的重要地位，以语义为基点的句法研究也已经导入了汉语的语法研究。语言信息处理的历程表明传统的语形语法学对句法结构的解释能力十分有限，同时以语形规则为依据所生成的句法结构的正确率也不能令人满意。基于对 20 世纪中国转型语法学的反思、对西方语言形态范畴的原型追溯以及对现代汉语的鲜明个性和人类语言的本质共性的思考，李葆嘉提出语义语法学理论和方法，认为“语言的结构法则是语义结构之法，人类语言的本质共性是语义性”[①]。语义语法学的主要研究对象是词汇语义挖掘、语义范畴归纳、语义句模抽象以及语义网络建构。

自然语言处理进入句处理阶段以后，无论是基于规则还是统计的策略，都面临“句法－语义”接口问题。而“句法－语义”接口的核心问题是“词汇－句法语义”链接[②]。要解决这一问题，首先需要解决语义词类的划分和句法语义的分析。语义语法学的语法观认为语义词类的划分和句法语义的分析是相辅相成的，只有在句法语义框架的制约下，语义词类的划分才可能摆脱盲目性。也只有在语义词类的划分基础上，句法语义范畴的标注才可能提高精准度。

当前，世界各国学者都十分重视自然语言处理的知识资源的建设，建

① 李葆嘉等著.《语义语法学导论——基于汉语个性和语言共性的建构》. 北京：中华书局.2007. 第 280 页。

② 孙道功，李葆嘉 . 词汇－句法语义贯通研究的新探索 . 语言文字应用，2009，（01）：143.

立了许多带各种标注信息的语料库，以适应更为深入的语言研究和自然语言处理系统的需要。对语料库进行标注的过程可以看作是将语料库中隐藏的信息显现出来的一个过程。现阶段，自然语言处理面临着语义知识资源匮乏和处理技术欠缺的瓶颈，语义资源建设对自然语言处理具有重要意义。但由于语义处理的复杂性和技术的不成熟，采用人工方法建立语义标注语料库还是目前常用的办法。但建设一个大规模、高质量的语义标注语料库是一个耗时耗力的语言工程，以致目前的词义标注语料库规模和质量都不足以训练得到一个可以应用的词义消歧系统。当前汉语标注资源急需的就是句子级的资源，需要一种可以描述出句子中词语与词语之间的语义信息的资源库。因此，探求半自动、甚至自动地建设大规模语义标注语料库的策略、模型、技术及方法显得极为迫切。

本文的选题来自国家“211 工程”三期重点学科建设项目“语义科技工作系统”的子项目——“深度语义标注语料库”。该语料库是深度语义分析的一个尝试。传统的语料库加工任务通常是在语形语法学的框架内，进行分词、词性标注、句法分析。我们是对来自九年制中小学语文课本的真实文本语料进行分词及传统词性标注后，进一步进行语义词类标注和句法语义范畴标注的深度加工。为了项目的顺利开展，本文围绕该语料库的建设和应用，以语义语法学相关理论为指导，进行技术方面的研究。研制开发相关工具软件，其中重点是开发语义词类自动标注工具和句法语义范畴自动标注工具，以期尽量减少人工标注和校对工作量，提高标注质量和标注的一致性。

“深度语义标注语料库”的建立可为今后的语义分析研究提供便利，在完善句法语义理论的同时也为语义分析开拓了新的研究方向。“深度语义标注语料库”是集语义词类标注体系、句法语义范畴体系为一体，可为计算机提供可供学习的深层次语义知识，在此基础上以期实现机器的语义词类、句法语义范畴的自动标注。随着体系进一步完善和规模的扩大，机器标注的正确率也会逐渐提高。

二、研究价值和研究目标

自然语言的计算机处理对语义网络的迫切需求催生了语义语法学的产生和发展。语义语法学从语义入手，以语义词类划分、语义范畴归纳、语义句模抽象和语义网络构建为主要研究对象，认为语义词类的划分和句法语义的分析是其基础研究，两者之间相辅相成。同时，语义语法学认为语义词类的标注与句法语义的标注应当互相结合，只有在句法语义框架的制约下，语义词类的划分才可能摆脱盲目性。也只有在语义词类的划分基础上，句法语义范畴的标注才能提高精准度。

从语言理论的研究上来讲，本课题是语义语法学理论与实践相结合的探索。语义词类与句法语义范畴标注问题的研究对语义语法学理论的深化有一定的充实作用和借鉴意义。分析、研究语义词类、句法语义范畴体系标注中存在的具体问题并找到解决问题的途径和方案，对完善语义语法学体系和指导语义标注都有重要意义，对研究语言的内在语义结构和语义语法研究有方法论的意义。

从应用方面的研究价值来看，除了揭示语言内在语义规则外，满足计算机处理自然语言的语义分析需求也成为语义语法学研究的重要内容之一。“深度语义标注语料库”的标注研究可为今后更深入的语义分析和标注研究提供参考，使语义语法学体系日臻完善。作为深层次的语义角色标注、语义分析和语义理解是计算机处理自然语言必须解决的问题，这一系列问题的解决都需要语义语法学研究作为理论支撑。针对真实文本的语义词类、句法语义范畴标注中存在问题的研究，可帮助计算机处理类似问题时找到解决问题的方法或思路，也可为更深层次的人机对话、机器翻译和大规模语义知识库的开发、利用奠定良好的基础。

“深度语义标注语料库”的建立可为今后的语义分析研究提供便利。语义标注语料库在现今的语义研究中逐渐成为主流，语义标注语料库以其可观察、可量化、可描述、可加工的特点为语言研究者揭示自然语言的复杂性提供了最为直接且高信息含量的数据。“深度语义标注语料库”集语义词类标注、句法语义范畴标注为一体，可为语言研究者提供新的研究素材，同时也为计算机提供了可供学习的深层次语义知识。

另外，我国语料库处理技术研究起步较晚，在发展过程中主要借鉴国外的相关理论和经验。而国外的语料库处理技术又多是针对以英语语料为主的语料库的。语料库加工、标注方法也是以处理英语为目的。英语和汉语的差异较大。前者属于屈折语，后者属于孤立语。如果单纯套用英语语料库处理的相关理论和方法，则难以满足或适应汉语语料库加工、标注的实际情况。因此总结和探索适合汉语语料库加工、标注的方法和特点，寻求适合汉语语料库加工、标注需要的标注策略、模型和算法，是促进汉语语料库建设发展的必由之路。

本文在梳理语义语法学理论研究成果的基础上，拟就“深度语义标注语料库”建设和应用进行相关研究。重点研究语义词类、句法语义范畴的自动标注；构建语义词类词典、语义词类间的搭配、语义词类与句法语义范畴的关联、语义句型框架库等相关知识库，并根据需要开发相关的工具软件。

三、研究思路和研究方法

本文具体研究思路如下。

1. 对作为理论指导的语义语法学的相关理论进行梳理，明晰语义语法学对深度语义标注语料库的指导作用。

2. 通过互联网和查阅文献资料，了解国内外语义标注语料库的建设状况及动态。

3. 收集语料库建设及应用方面的相关软件，分析了解其功能和使用状况，以此作为我们开发相关工具软件的借鉴。

4. 语义的自动分析和处理，离不开知识库的支持，根据自动标注需要和已有条件，建设相关语言知识库。

5. 在语义词类标注方面，从其技术实现层面上看，可借鉴中文词性的自动标注技术进行处理。目前，对于中文的词性标注的研究已有30多年了，技术比较成熟，标注精度较高。

6. 在语义角色标注方法，现有的基于句法分析基础上的标注，性能难有突破，须另辟蹊径，探讨新的方法和策略。

本研究运用主要方法有以下几点。

1. 语料库的研究方法

语料库是语言研究和自然语言处理相伴相生的产物。随着自然语言处理系统的不断实用化，知识获取问题已成为越来越重要的研究课题。基于规则的自然语言处理系统在处理非受限真实文本时遇到的种种困难，促使广大研究人员去探索新的解决问题的途径。随着语料库处理技术的发展和各种类型的大规模标注语料建立，基于语料库的经验主义研究方法已成为自然语言处理的主流方法。在自然语言处理中，基于统计的处理技术是从语料库中获取各种所需知识的重要手段。基于语料库的研究方法的指导思想是：1）语料库是语言知识的主要来源，信息处理中的所有的知识都是从语料库中获取；2）使用统计方法从语料库中获取知识，知识的内涵在统计意义上被解释；3）统计语言模型的参数主要是通过统计方法从语料库中自动获得。

2. 规则与统计相结合

当前，在自然语言处理方面，语料库和统计学及语言模型发挥了很大的作用，经验主义方法在语言处理中占了主流地位，理性主义方法在语言处理方面的影响还较小。在经验主义方法中，语料库提供的语言知识是用统计强度表示的，表示可能性的大小，而不是确定性的，期望随着语料库规模的扩大，能覆盖全面的语言现象。但是，对于语言中一些基本的确定性的信息，如果仍用统计强度的大小去衡量，这是与人们的常识相违背的。这种“经验主义”方法研究中的不足需要靠“理性主义”方法来弥补。目前这两种方法的相互融合是当前自然语言处理发展的趋势。

我们认为，由于以下几点原因，在语义处理方面我们更应重视理性主义方法。一是基于统计语言模型的方法，需要大规模、高质量的语义标注语料库，而目前我们还缺少这方面的资源；二是语义处理需要深入到语义的微观层次、深入到语义内容的多维结构中，只有这样才能接近并把握语言的本质；三是由于语义处理属于高层次应用，需要更多的语言学分析；四是汉语是意合型的语言，结构松散，形散而神聚，用词简洁，属于分析性语言，因此在处理时不能照搬西文屈折语的处理方式。

3. 定性分析与定量分析相结合的方法

定量分析是依据统计数据，建立相应的数学模型，并用数学模型统计出分析对象的各项指标及其数据的一种分析方法。定性分析是在反实证主义理论影响下形成的一种社会科学研究方法。它趋向于运用访问、观察和文献法搜集资料，并根据主观的理解进行分析研究的一种方法。定性研究强调人类行为是一种有意义的行动，人们对社会现实的建构是在主体以及参与互动的他人对社会客体赋予意义的基础上共同完成的，日常生活中具有公识的规则或知识也由此产生。定性分析是定量分析的前提。没有定性的定量分析是一种盲目的、毫无价值的定量分析。定量分析能使定性分析更加准确、科学，它可以促使定性分析得出广泛而深入的结论，因此在具体的研究中二者要相互结合。

例如，通过频度等量化形式来揭示句法语义范畴体系的规律性是定量的研究。对句法语义范畴的界定进行辨析解释是定性的研究。定性的取舍要有量的依据，而定量的统计则需定性的指导，两者需要相互结合。

四、结构安排和基本术语

本文共分七章。第一章语义知识库、语料库建设概述，介绍语言知识库和与语料库的相关常识及二者的区别和联系；梳理国内外语义知识库、语义标注语料库的建设现状。第二章深度语义标注语料库建设思路，论述了语义标注语料建设的理论指导及语料库的标注规范及标注时应注意的原则，介绍了语料库的语料来源及语料库的加工流程。第三章深度语义标注语料库的语义词类系统，梳理了汉语语义词类系统研究的概况，介绍了我们的语义词类分类体系。第四章语义词类自动标注研究，介绍我们的语义词类自动标注系统开发经过。包括系统开发方案，语义词典的构建，自动标注的算法模型及处理机制。第五章深度语义标注语料库的句法语义范畴系统，梳理了国内外句法语义的研究现状，对我们的语义语法学的句法语义范畴体系进行了相关研究。第六章句法语义分析技术研究，梳理了句法语义分析的研究现状。对句法语义分析的常用理论和方法进行了比较分析。第七章句法语义范畴自动标注研究，介绍了我们句法语义自动标注的理论依据和相关语义知识库的构建。然后重点介绍了基于语义句型框架的语义角色标注研究。

本文使用的基本术语界定如下。

1. 词汇义征：即词汇的语义特征，简称义征。是义场内词元（义位）所包含的共性特征和区别特征。

2. 词汇语义：在语义语法学中，作为语法研究的一个部分，与句法语义相对。主要包括：词汇义征、词元和语义子场。

3. 词元：是从词性角度对词语进行分化的结果。词元与义位对应关系是，有时一个词元就是一个义位，有时一个词元包含几个义位。

4. 动核结构：动核及其所联系的周边语义角色组成动核结构。在动核结构中，动词是核心或者枢纽，其他周边角色依附于动词。

5. 基本角色范畴：即基本语义角色。

6. 接口：即句法－语义接口。在语形语法框架下，主要关注语义角色如何投射为句法成分、语义角色和句法成分的对应关系。

7. 句法实现：指深层语义角色与表层句法论元的对应关系。

8. 句法语义：与词汇语义相对，包括句法范畴义征、句法语义范畴和语义句模。

9. 句法语义范畴：指构成句法结构的语义范畴，主要包括句核、语义角色和情态范畴三部分，其中句核分为动核和名核两种形式。

10. 名核结构：名核及其所联系的属性语义成分组成名核结构。名核结构包括主要两种形式：一是定中结构，一是名述结构。

11. 内层角色：指与动核结合较为紧密的语义角色，如施事、受事、与事、止事、起事等。

12. 外层角色：指与动核结合较为疏远的语义角色，如处所、范围、工具、时间等。

13. 外层角色范畴：即附加语义角色。

14. 衔接：即词汇语义－句法语义衔接。在语义语法学中，主要关注词汇语义－句法语义，或词汇单位－语义角色的关联机制。

15. 义场：基于义征分析，通过共同义征互相联系，通过不同义征互相制约的词元聚合体。

16. 义位：即词义系统的最小意义单位，相当于词典中能够独立运用的义项。

17. 义征缠绕：也叫语义缠绕，指组合时词元必须存在义征部分重合性的现象，否则组合就不能成立。

18. 义征凸显：指词元进入组合时，所包含的若干义征中的一个或几个成为交际中的使用义，用来传达信息，这种现象称为义征凸显。被凸显出来成为使用义的义征，称为凸显义征。

19. 语形结构：即句法结构，是由若干句子成分形成的序列形式。

20. 语形语法：即语形结构之法，是基于形态变化的语法形式，其基本任务是词类划分、成分分析和句型归纳，主张形式和意义的相互验证。

21. 语义结构：与语形结构相对，是由角色和动核（或名核）构成的序列形式。

22. 语义网络：简称"义网"。指由节点和关系构成的多层级、立体化的网络。不同层级的子场是语义网络下位节点的组成部分。语义网络是由义征、义位、义场 / 语义范畴、语义角色、句模等不同层面的节点联结构成的。

23. 语义语法：即语义结构之法，是相对于语形语法而言的，强调语言的本质属性是语义性，语法形式只是语义的部分投影和外部标记，句法结构的本质是兼容性义场和词语之间的语义关联。

第一章　语义知识库、语料库建设概述

百年来汉语语法研究史告诉我们，对语义的深入挖掘与研究才是汉语语法问题得以解决的途径。由于语料库和知识库的广泛应用，如今国内外对语料库和语言知识库的研究都给予高度的重视。经过过去几十年的发展，国内外在语言知识库和语料库的建设和应用方面都取得了不少成果。本文通过对相关文献资料的搜索整理，重点介绍国内外在汉语语义知识库和语料库方面的建设现状，以期指导现代汉语深度语义标注语料库的建设和研究。

第一节　语言知识库与语料库

一、语言知识库

语言知识库是知识工程中结构化、有组织、易操作使用的知识集群，是针对某一（或某些）领域问题求解的需要，采用某种知识形式化表示方式，在计算机存储器中存储、组织、管理和使用的有联系的知识的集合。是帮助计算机了解人类语言的一种媒介和手段，也是让计算机逐渐智能起来的物质前提，是自然语言处理系统的重要组成部分。在《汉语信息处理词汇——01 部分基本术语》中，语言知识库的定义是：指计算机所存储的

语言知识的集合，它是计算机从语音、文字、词汇、句法、语义、语用等角度对语言进行信息处理的基础。面向自然语言处理的知识库包括词汇语义库、词法、句法规则库、常识库等。

语言知识库的构建对于自然语言处理的发展具有重要作用，用计算机处理自然语言，一般需要为计算机建立相应的语言知识库。语言知识库中知识的表达方式、知识颗粒的大小以及知识的覆盖范围都会对自然语言处理系统运作及处理效果产生重要影响。那么，计算机如何获取语言知识，如何表示语言知识呢？根据对这两个问题的不同回答，可以把自然语言处理方法分为基于规则的方法和基于统计的方法两大类，也就是理性主义的方法和经验主义的方法。[①]

基于规则方法（也称作基于乔姆斯基理论的方法）的理论基础是乔姆斯基（Chomsky）的形式语言的理论。其基本内容是：将语言知识以规则的形式来表示，通过规则定义建立庞大的知识库，而规则的来源可以是直觉、理性的，也可以是是来自语料的归纳。基于规则的方法在一些受限领域的自然语言处理中一般有较好的表现，但在处理大规模真实文本时，通常会遇到许多问题，效果不佳。其根本原因是自然语言处理中的应用，一般要依赖于系统知识库中语言规则的正确性和完备性。但是，不管语言研究人员怎样努力，也很难建立起能够解决所有问题的完备的规则库（知识库）。另外，许多语言现象的出现与语境、上下文都有着密切的联系，而语言又是在不断发展的，相应的规则也需要随着动态修改，但庞大、复杂的规则系统很难满足这些要求。而且，对于规则系统来说，无论规则中设计的解决问题的条件与关系多么仔细、周全，但本质上也只能解决“是”与“非”的精确问题，而在语言应用中的模糊现象却是非常普遍的。基于规则的方法在开发实际应用时，也非常重视语料库的使用。设计规则时，虽然可以依靠人的直觉和语感，但如果利用语料库，通过计算机对语言现象进行检索、分类、归纳，则可以使规则的正确性和完备性大大提高，而

① 何婷婷 . 语料库研究［D］. 华中师范大学，2003.

且效率也显著提升。

基于统计的方法也称为经验主义方法或语料库方法。它的理论基础是概率统计和香农（Shannon）的噪音管道模型。这种方法不需要通过人工来总结语言规则，一般是通过统计的方法来建立统计语言模型。从加工标注好的熟语料库中去获取知识，内部的关系也不需要通过规则方式进行表达，而是用概率值来表示。这样，语言中各种模糊的关系就比较容易表达。

目前，在自然语言处理领域，绝大多数的研究是将基于规则的方法和基于统计的方法相结合，发挥各自的优点，取长补短。但无论怎么做，要使开发的系统能处理大规模的真实文本、要创建新的语言理论或语言模型、研究新的语言分析算法、改进机器学习性能和人机交互能力等，都离不开语言知识库的支持。语言知识库是自然语言处理系统不可或缺的重要组成部分，其规模和质量很大程度上影响着自然语言处理系统的优劣。俞士汶老师指出①："要想在自然语言处理领域有所作为，必须深入地、系统学习语言知识并将人能理解的知识转化为可供计算机利用的形式化格式。语言知识库的建设确实是最基本、最重要的应用基础研究。其中，涉及汉语知识的重新整理、发现、形式化、规范化等工作则一定要倚重母语为汉语的学者，这就为中国学者留出了最大的发展空间。"

二、语料库

语料库指的是为某个或多个应用目的而专门收集的、有一定结构的、有代表性的、经过加工、可以被计算机检索使用、具有一定规模的语料的集合。是语料库语言学研究的基础资源，也是经验主义语言研究方法的主要资源，它与自然语言处理有着相辅相成的关系，是用统计语言模型的方法处理自然语言的基础资源。语料库一般具有如下特征。

1. 生语料一般需要经过加工（标注），才能成为有价值的资源。

---

① 俞士汶，段慧明，朱学锋，等. 综合型语言知识库的建设与利用［J］. 中文信息学报，2004，（05）：1-10.

2. 语料库中存放的是实际使用过的（真实出现过）语言材料（如口语、书面语）。

3. 语料库是承载语言知识的基础资源，但并不等于语言知识，可以从语料库中提取得到语言知识。

4. 语料库对于其应用领域来说，要具有一定的规模和代表性，这样才能保证基于语料库提取的知识具有普遍性和较高的完备性。

5. 语料库是有目的地收集的语言材料的集合，不是任意语言材料的简单堆积。这就要求语料库具备一定的结构，在语料库建设之初，就要有明确的选材原则和规划设计。

自然语言处理的最终目标是让计算机拥有处理自然语言的能力，即处理语言信息的能力。要实现这一目标的前提是计算机拥有较完备的语言知识和获取语言信息的能力。语言是一个复杂的层次系统，包含有多层面的信息。人类可以通过学习自然地获取这类语言信息，但是计算机不具备从自然语言中直接获取这类信息的能力。解决这个问题的思路是，用计算机可以识别的符号来加工标注语言中的各类信息，这些计算机可以识别的符号称为标注集，加工标注之前的语料是生语料，加工标注之后添加了标注符号的语料是熟语料。

语料库加工标注是使计算机具备语言深层信息的前提。语料库加工标注的层次越深，难度越大，也更有利于揭示深层信息。虽然生语料构成的语料库也可以提供一些信息，如通过检索可以查找词汇的出现频率、词语前后搭配信息等。但是，自然语言处理需要获取的语言信息远不止这些。如词语与其他词语构成的语法结构信息、语块对应的句法成分、词语在不同语境中的词义信息等。这些深层次信息对语言处理往往有着更重要的作用，但是由于计算机对生语料的处理能力有限，很难以获取语言深层信息。通过给语料库加工标注可以解决这个问题。它把语言处理中预期有用的语言信息用计算机可以识别的符号标注出来，辅助计算机获取这些语言信息。语料库加工标注层次有深浅之分。浅层次的加工标注可以用计算机自动完成，如词性标注、语块标注。但目前深层次标注，如结构标注、语义标注、语义角色标注等操作难度较大，一般采用机器和人工相结合的方法进行标注。

三、语言知识库与语料库的关系

语言知识库与语料库之间既有区别也有联系。

1. 语言知识库一般是语言信息规则化、形式化的表示，语料库一般是在真实语言材料的基础上添加指代语言信息的标记符号。

2. 语言知识库一般主要是由语言学者对语言知识进行梳理、归纳，经形式化、规范化后形成的面向计算机处理的语言信息库。语料库是由语言学者对语料库进行标注加工，将隐性的知识进行显性化处理，便于语言研究者经计算机统计发现新的语言规律或语言现象，或为计算机提供模型训练参数和测试数据。

3. 语言知识库主要是面向自然语言处理，重点是为计算机提供形式化的语言信息。语料库既可为语言研究者提供服务也可为计算机提供服务。

4. 语言知识库可以为语料库的建设提供服务。在语料库的自动标注加工中，语言知识库可以为自动标注模型提供知识支持，进一步提高系统的标注性能。

5. 语料库也可为语言知识库的建设提供服务。通过工具软件检索、统计的方式可以从标注好的语料库中提取语言信息形成语言知识库。

6. 在现有的一些知识系统中，语料库与语言知识库是并存的。如FrameNet、CFrameNet中既有词典知识库、框架知识库也有标注例句库。

第二节　语义知识库建设概况

一、词义知识库建设现状

20世纪80年代开始，随着计算机信息处理的兴起，世界上许多国家开始开发机用的词义标注体系，下面介绍国内外几种比较成熟的词义知识库。

1. WordNet 词类系统

Wordnet 是美国普林斯顿大学认知科学实验室米勒（G.Miller）等人于1985 年开始构建的英语词汇语义知识库，也是一个在线的电子英语字典。其词汇工程的理论基础是心理语言学，当初的出发点并不是为了自然语言处理，而是为了探讨和研究语言产生、理解的心理活动机制。但因其框架合理、形式明确、易于使用等特点，被计算语言学家广泛应用于词义消歧、语言自动处理、机器翻译等诸多方面，并对自然语言处理领域产生极大的影响，是国外著名的词义系统。WordNet 与通常意义上的字典不同，它是依据词条的意义对词条进行分组，形成词条组。每个具有相同意义的词条组称为一个同义词集合。WordNet 为每个同义词集合标明了简短而概要的定义，并且对同义词集合之间的语义关系进行了描述。

2. 美国微软公司开发的 MindNet

MindNet 是微软研究院自然语言处理（NLP）研发小组设计的。其设计思想是用三元组（Triple）作为全部知识的表示基元。一个三元组由两个节点和一条连接边组成。每个节点代表一个概念，连接这两个概念节点的边表示概念之间的语义依存关系。该项工作是自动从网络在线词典中获取语言知识。MindNet 的设计者认为，可以通过计算机自动的方式来获取语言概念知识。构建 MindNet 的技术大部分是基于规则的。MindNet 是众多语义知识库项目中最早采用自动构建方式建设的知识库。MindNet 总共定义了 24 种不同类型的语义关系的标记，语义关系描述是 MindNet 的语义理论基础。到目前为止，MindNet 已具有包括名词、动词、形容词近 16 万词条规模。

3. 同义词词林

《同义词词林》是一本由梅加驹先生主编的语义类词典，1983 首次出版。其初衷是想通过提供较多的一系列的同义词语，为汉语的创作和翻译工作提供帮助。《同义词词林》将词按词义分成大中小三类，分类依据是词义。由于《同义词词林》中词义独特的编排方式，引起国内计算语言学者的注意，将其引入到汉语计算语言学研究中的语义计算方面。考虑到其在计算语言学方面的作用，哈尔滨工业大学信息检索实验室在原版本基础上改编成了《同义词词林》（扩展版），并改造为面向信息处理的词义知识库。扩展版相比旧版，在语义资源方面进行了修改和扩充，总计收录词语近 7 万条。《同义词词林》（扩展版）保留《同义词词林》原有的三层分类体系（12 个大类、94 个中类、1428 个小类）。在此基础上又继续细类划分，增加两层，最终得到 5 个层次的分类体系。这样词义知识库中的词语之间就表现出了良好的层次关系。如下图 1.1 便是《同义词词林（扩展版）》层次结构示意图。

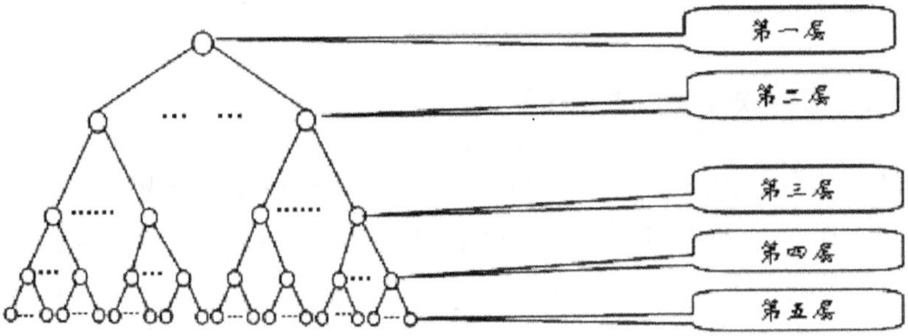

图 1.1 《同义词词林（扩展版）》的层次结构示意图

4. 知网（HowNet）

董振东等人于 1988 年最早提出关于知识库的研究，1999 年 3 月在网上发布其研究成果的第一版并正式命名为知网（英文名称为 HowNet）。这是一个以汉语和英语的词语所代表的概念为描述对象，以揭示概念与概念之间以及概念所具有的属性之间的关系为基本内容的知识库。它主要包括的系列数据文件和程序（中英双语知识词典及知网管理系统）。中英双语知识词典是知网的基础文件，每一个词语的概念及其描述形成一个记录，知识词典就是这些记录的集合。计算机化是知网的重要特色。知网是面向计算机的，是借助于计算机建立的，将来可能是计算机的智能构件。这一特点主要表现在知网采用自行设计的知识数据描述语言来进行概念的定义。经过对汉语和英语各 9 万多条概念的描述，证实了这种语言既表现了概念之间以及概念的属性之间的复杂关系，又确保了概念描述的复杂度、一致性和准确性，因此具有很强的描述能力，也为意义的计算提供了极大的便利。

知网作为一个知识系统，名副其实是一个网而不是树，它不但反映了概念的共性和个性，还反映了概念之间和概念的属性之间的各种关系。总的来说，知网描述的关系有：上下位、同义、反义、对义、部件 – 整体、属性 – 宿主、材料 – 成品、施事 / 经验者 / 关系主体 – 事件、受事 / 内容 / 领属物等 – 事件、工具 – 事件、场所 – 事件、时间 – 事件、值 – 属性、实体 – 值、事件 – 角色、相关关系等。对这些关系进行计算是目前利用知网进行词义消歧的主要途径。

目前，知网现已公布的中文信息结构库包含 271 个信息结构模式，49 个句法分布式，58 个句法结构式，11 万多个词语实例。知网是国内较有影响力的词义系统，在中文信息处理研究中有着广泛应用。

5. 现代汉语语义知识库

清华大学与中国人民大学、北京语言大学、北京青年政治学院共同研制的现代汉语语义知识库包括四个重要组成部分："现代汉语述语动词机器词典""现代汉语名词槽关系词典""现代汉语述语形容词机器词典"和"信息处理用现代汉语语义分类系统"。其中前三部词典分别收录了 4968 个常用汉语动词的 6751 个义项、1329 个常用汉语形容词的 1642 个义项、2466 个常用汉语名词的 3046 个义项的有关词形、拼音、词性等众多信息。

通过参考了国内外众多语义分类体系，研究、设计了更符合汉语信息处理需求的现代汉语语义分类体系，包括超类、事、物、时空、部件五大类。已对五万多现代汉语常用动词、形容词、名词进行了分类整理，是上述三个机器词典的语义分类依据[①]。

6. 现代汉语语义词典（简称 SKCC）

北京大学与中科院计算所在联合开发汉英机器翻译系统时，为了能在语法分析的基础上，为机器翻译提供更深入的语义信息，进行了为汉英机器翻译服务的“现代汉语语义词典”研制工作。目前，现代汉语语义词典已成为一个面向汉英机器翻译的大规模汉语语义知识库。它以数据库文件形式收录了 6.6 余万实词，标注了每个词语所属的词类、语义类信息，并以义项为单位详细描述了它们的各种语义搭配限制信息，为词义消歧、语义自动分析等任务提供了强有力的支持[②]。

现代汉语语义词典比较突出的特点是语义分类的深度与广度取决于语法分析的需要。目的是通过语义知识的应用去解决那些仅靠语法规则难以解决的问题。其语义分类是在词的语法分类基础上对名词、动词、形容词等实词进行语义分类描述。

7. 中文概念词典（CCD）

中文概念词典（Chinese Concept Dictionary）是北京大学计算语言学研究所仿 WordNet 架构开发的汉英双语语义知识库。对于 WordNet 中的每一个英语概念，力争找到大体对应的汉语概念，反之亦然。中文概念词典通过同义词集合来描述概念，用概念间的关系来描述语义。中文概念词典中同义关系、上下位关系、整体 / 部分关系等的描述有利于概念的分级扩展，可应用于机器翻译、文本分类、自动文摘、信息提取和信息检索等方面。

二、句法语义知识库建设现状

随着自然语言处理技术，借助机器学习方法，在基于大规模标注语料研

---

① 尹一瓴等．现代汉语语义知识库用于句法分析的研究．计算机应用，2004.

② 王惠等．“现代汉语语义词典”的结构及应用．语言文字应用，2006 年．

究中所取得的突破性进展，一定程度上推进了语义标注资源库的深度建设。

1. 框架网（FrameNet）

框架网始建于1997年，由美国加州大学伯克利分校的菲尔墨（Fillmore）、阿特金斯（Atkins）等人基于真实语料，在框架语义学理论的指导下建立的计算机词典编纂工程。该库目前的标注规模超过1200个语义框架、13000多个词元和20多万个标注了语义信息的例句。框架网由框架库、词库和例句库三个部分组成。框架库中包含了每个框架的名称及定义、框架元素表、框架之间的关系、包含的词元集合及附加说明等。框架网的词库中主要包含每个词条传统的词典释义、各词元的配价模式、与标注例句库的链接等。例句库中是经过标注过的句子，用以举例说明一些词条的语义属性和句法特征，可以为基于在框架库的词语分析提供语料支持。

在框网知识库中，角色名也叫框架元素，例如，在“动作”（motion）这个域中，“运输”（transportation）框架可以提供movers（移动者）、means of transportation（运输方式）等角色。依据和框架联系的紧密程度，可以把框架分为核心、外围、题外元素三种类型。不同的框架有着不同的核心元素，这是框架个性得以显现的原因，也是核心元素区别于外围元素的特点。框架在概念上的必要成分是核心元素，外围元素可以出现在任意的框架中，也不对主要事件增加额外或独特的事件。题外元素可以实现两个事件状态背景的衬托，这两个事件可以是一个实际事件或是同类状态。

FrameNet目前已与WordNet、SUMO（Suggested Upper Merged Ontology，建议上层共用知识本体）、COD（The Concise Oxford English Dictionary，简明牛津英语词典）等资源建立了映射联系。主要应用于词义消歧、语义分析、问答系统、信息抽取、词典编纂、机器翻译等自然语言处理领域。其语义表示体系和语料数据，为其他不同语种的语义知识库建设做了很好的示范，汉语、希伯来语、德语、日语、西班牙语等框架语义知识库建设纷纷启动，并取得了许多成果。

标注实例如下：

1. [$_{Place}$There] [$_{Abuser}$they] could plunder and $ABUSE^{Target}$ [$_{Victim}$the local Christian peasantry] [$_{Circumstances}$with impunity] , even dispossessing them from their lands .
2 . [$_{Abuser}$They] $ABUSE^{Target}$ [$_{Victim}$us] .

2. 英语命题库（PropBank）

英语命题库是由约翰霍普金斯大学、纽约大学、宾夕法尼亚大学等单位共同创建的。是在宾州树库句法分析的基础上，标注的浅层语义信息。与 FrameNet 不同的是，PropBank 只对动词（非系动词）进行标注，相应的被称作目标动词。通过指派语义角色到树库的句法树关节点上来实现谓词 - 论元结构信息的添加。英语命题库在标注动词时，只标记含有语法标记成分的语义角色，组成的辅助语义角色体系包含了 14 个辅助语义角色，在标注非必有论元时使用的是宾州树库的现有功能标记。

PropBank 实质上是一个以动词词典为标注基础，以宾州树库为标注底层，以动词的论元角色为标注对象，集语义词典和标注语料库于一身的论元角色语义知识库。通过在宾州树库的句法结构上添加一层“谓词 - 论元”（predicate-argument）信息，来实现浅层语义表示。与 FrameNet 相比，PropBank 基于宾州树库手工标注的句法分析结果，因此标注的结果几乎不受句法分析错误的影响，准确率较高。而且它几乎对宾州树库中的每个动词及其语义角色都进行了标注，因此覆盖范围较广，可学习性较强。

Roles: **Arg0**: *agent* (vnrole: 10.5-agent)
Arg1: *person kidnapped* (vnrole: 10.5-theme)
Example: transitive (he should have gotten written consent to abduct the child?)

His solicitor wrote him a letter at the airport, with a copy to the customs authorities, saying that Bella had evidence he was drinking and unfit to have the care of [the child], whom-1 he had anyway abducted *trace*-1 without written consent.

Arg0: he
Argm-dis: anyway
Rel: abducted
Arg1: *trace*-1 (= whom)
Argm-slc: whom -> the child
Argm-mnr: without written consent

3. 英语名词库（NomBank）

英语名词库由纽约大学自 2003 年起研制标注规范并构建，是与英语命题库相关联的语义标注项目，语义角色的类别和表示方法也是相同的，与 PropBank 标注宾州树库中的动词做谓词不同，英语名词库标注了其中的名词作谓词的情况。例如：名词短语“John’s replacementBen”和“Ben’s replacement of John”中，名词 replacement 便是谓词，Ben 是 ARG0，表示替代者，John 是 ARG1 表示被替代者。截至 2007 年 12 月发布了 NomBank1.0。目前的标注规模是 5000 个普通名词。英语名词库共有 10 个辅助语义角色，相比英语命题库增加了一个“ArgMADJADV”，表示形容词作状语。英语名词库的特殊之处在于更加细致地定义了名词的论元结构，这一点是前人较少涉及且研究较薄弱的领域。

标注实例如下：

1. *students' knowledge of two-letter consonant sounds*
ARG0 = students, REL = knowledge, ARG1 = two-letter consonant sounds
2. *a solicitation of shareholder consents*
REL = solicitation, ARG1 = shareholder consents
3. *the museum's director*
REL = director, ARG0 = director, ARG2 = the museum's

4. 英语动词库（VerbNet）

VerbNet 是由美国宾州大学的 Karin Kipper Schuller 于 2005 年开始构建的一个在线动词词典。它将动词划分为不同的类，每一个动词类都描述了题元角色、论元选择限制条件和其对应的框架。在框架中，用结构化的方式描述该动词类的句法特征和语义结构。英语动词库是目前规模最大的在线英语动词词典。英语动词库包含的标注信息主要有谓词论元结构、题元角色、选择限制、框架集、句法分析以及语义分析。在句法上对应语义角色，使用布尔运算式表示具体语义信息。英语动词库的语义角色概括性很强，且不区分核心和辅助语义角色，共设语义角色 23 个。

标注实例如下：

characterize-29.2

Members: 30, Frames: 3

NP V NP S_ING	
EXAMPLE	"HE CHARACTERIZED HIM AS BEING SMART."
SYNTAX	AGENT V THEME (AS) PREDICATE <+OC_ING>
SEMANTICS	CHARACTERIZE(DURING(E), THEME, PREDICATE) CAUSE(AGENT, E)

5. 中文命题库（CPB）

中文命题库（Chinese PropBank）的研制者是帕尔默（Martha Palmer）、薛南文（Nianwen Xue）等人。该库基于宾州大学中文树库，增加谓词 – 论元结构而形成。在保留宾州中文树库的句法标记的同时，标注体系基本上沿袭了英语命题库。现有的标注规模是 10 364 个句子，含有 4854 个不同的谓词。中文命题库的辅助语义角色有 11 个，在处理 ArgM 上也不同于英语命题库。

标注实例如下：

```
Frameset: f1
    ARG0: theme
Frame:
( (NP-PRD (DP (DT 那些))
        (CP (WHNP-1 (-NONE- *OP*))
            (CP (IP (NP-SBJ (-NONE- *T*-1))
                  (VP (ADVP (AD 较))
                  (VP (VA 保守))))
            (DEC 的)))
        (NP (NN 议员))))
ARG0:   (*T*-1)->(议员)
ARGM-ADV:   较
REL:   保守
```

6. 中文名词库

在英语命题库和英语名词库的基础上，薛南文（Nanwen Xue）等人建构了中文名词库（Chinese NomBank），对中文的名词化谓词进行了标注。标注的主要内容涉及两个和名词化谓词关联的成分，分别是类似论元的成分、类似辅助语义角色的成分。该库大体上延续了英语命题库、英语名词库的标注框架。国内也有类似的相关研究，如鲁川的汉语槽关系标注。

标注样例如下：

这份报告是［ARG0 由美国哈佛大学

This CL report be by US Harvard University

和加州大学的知名专家学者］

and California University DE well-known expert scholar

经过 ［ARGM-TMP 近 6 个月］ 的［REL 研究］后提出的。

through nearly six CLmonth DE research after propose DE.

7. 事件块句法语义标注库

事件块句法语义标注语料库的研制单位主要是清华大学、北京大学和鲁东大学。语料来源于清华树库、《人民日报》和中小学语文课本，共标注 10 万多句子。该库标注分析的焦点主要是对物质世界和人类社会中的几大类客观关系的实践内容，主要包括：广义拥有关系、时空存现关系和时空变化关系等方面。”①

标注样例如下：

[D-pp 对/p 用/p 公车/n 接送/v 孩子/n
上学/v [的/u]h]O-GY ，/w 除了/p [P-vp 没
收/v]Tgt [O-np 汽车/n]PN ，/w 还要/v 开除/v 司机/n 。/w

8. 句法语义信息语料库

句法语义信息语料库由鲁东大学 2005 年建设研制，语料来源于中小

① 周明海，亢世勇，刘金凤．面向信息处理的大规模句子语义知识库研究述要．当代外语研究.2011（10）.

学语文课文以及对外汉语阅读材料。标注规模约 72 万字，近 3 万个句子。对语料库进行句法和语义信息的标注，标注内容包括句法结构、语义信息结构等。该库同时建构了句型系统、句模系统以及句干系统，归纳句型 5558 类，句模 13 696 类，句干 14 211 类。该语料库共设置了 24 个语义成分标记，7 个句法成分标记，以句子为单位进行句法结构和语义结构的标注。

单句标注实例如下：

[S 语言/n]D[P 是/v]V[O 人类/n 最/d 重要/a 的/u 交际/v 工具/n]X。

9. 句子级语义标注库

句子级语义标注语料库是由北京语言大学 2003 年承建的，基于以概念层次网络理论（简称 HNC 理论）的指导而建构的自上而下的句子语义标注，标注类型有句类、语义块、句蜕。目前的标注规模是 20 万字，其中 10 万字是真实的连续文本语料，另 10 万字是由单独的句子组成，共有 5500 多个句子。HNC 理论定义的语义块是指句子的下一级语义构成成分，句类不同所配置的语义块也相应的不同。语义块的表示式加在一起就构成了句类的表示式。语义块分为：主语义块和辅助语义块。主语义块包含两类，一类是含有述语动词的，称为特征语义块；另一类是对象语义块。HNC 理论的辅助语义块有 7 个类型，包括方式、工具、途径、比照、条件、因、果。

标注样例如下：

!0T21R411*22J+Cn ~这天早上，||小学生们||都带着||自己的暑假作业，
!31T2bJ+Cn ~{!31T2bY9*11J+Re~按地区|集合}后，||整队走向||学校。
!2P01J+Cn ~8:30||举行||开学式，
!0X20J 校长||希望||{SP10*21J+Ms 他们|~以新的精神状态|开始|新的学习生活}。

10. 中文网库

北大中文网库是（Peking University Chinese NetBank）是始建于 2007 年的多层次语义关系标注语料库，系统规定了 22 个论元角色，该库的标注基于大规模真实文本，语义角色划分为必有论元以及非必有论元。该库一方面对论元信息进行标注，另一方面也包含了句子主观信息的标注。詹

卫东等人研制的北大汉语句法分析树库对北大中文网库的语义信息标注工作有一定程度的借鉴意义。

标注样例如下：

［军队人数］Th〈不〉neg {〈得〉mod {超过［ 中国人口总数的 1%］Re}}

11. 中文语义依存树库

中文语义依存树库由北京大学和北京城市大学共同研制，以依存句法理论为基础，融合依存结构和语义信息，提取句子中所有的修饰词与核心词对间的语义关系。除了分析句子中主要谓词与其论元的语义关系外，还涉及了诸如数量、属性、频率等非主要谓词包含的语义信息。语义依存关系的建构是在结合了鲁川、袁毓林的语义体系基础上，对知网（Hownet）进行补充整理，形成 29 个主语义角色，44 个辅助语义角色。该语义库目前手工标注句子总量为 10 400 句。

标注实例如下：

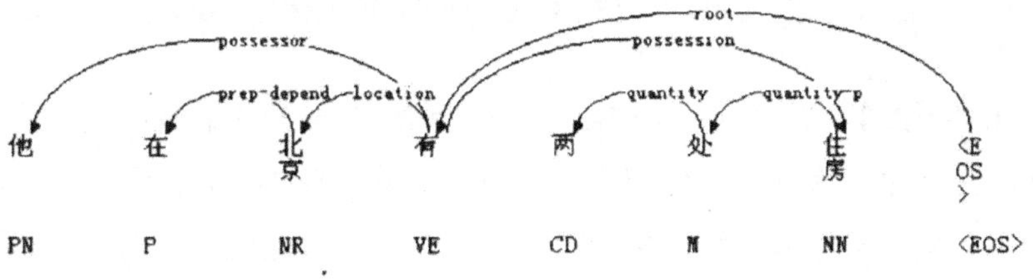

12. 汉语框架网（CFN）

汉语框架网（Chinese FrameNet，简称 CFN）是由山西大学从 2004 年开始建立的，以菲尔墨（Fillmore）的框架语义学理论为基础，仿照加州大学伯克利分校的 FrameNet，供计算机使用的汉语词汇语义知识库。该知识库由框架库、词元库和句子库三部分组成①。

① 郝晓燕，刘伟，李茹，等．汉语框架语义知识库及软件描述体系．中文信息学报，2007，(05).

汉语框架网以框架为单位，对词语进行分类描述。框架中的各种参与者称为框架元素。它们在使用中与“语义角色”“格角色”等概念相当。框架库中每个框架都按照以下四方面进行描述：（1）框架的定义；（2）框架元素的基本定义以及部分框架元素的示例；（3）该框架所涉及的词元；（4）框架和框架之间的抽象关系。句子库包含带有框架语义标注信息的句子，即按照框架库所提供的框架和框架元素类型，标注句子的框架语义信息和句法信息。句子的标注是以框架库为基础，首先确定句中核心词元和该词元所属框架，然后给框架元素所在的成分标记框架元素、短语类型和句法功能三种信息。词元库记录词元的语义搭配模式和框架元素的句法实现方式，它们是由句子库所提供的标注结果生成的。CFN 共构建了 309 个汉语框架，涉及词元 3151 个，标注了约 21 600 个句子的句法信息和框架语义信息，涉及法律、旅游及图书等领域，为计算机进行汉语框架语义分析及其应用研究提供了宝贵的汉语语义资源。可用于语言学、计算语言学研究及自然语言处理研究。

第三节　语义语料库建设现状

20 世纪 80 年代以来，语料库的设计和加工成为人们的研究热点，语料库的建设也向大规模、多层次不断发展。除了较早出现的分词标注、词性标注、句法标注外，词义标注、词类标注、语义角色标注等语义标注也越来越受到重视。人们普遍认为，语料的语义标注是一项比句法分析更困难的任务。就以其中相对来说最简单的词语义项标注来说，由于这里包含了需要根据句子的上下文来确定多义词的义项这样一个极为困难的问题。即使在研究历史较长、研究实力雄厚的英语国家，相应的大规模语义标注语料库也不多见。根据本文的研究目标，本节围绕具有语义标注的语料库的研究现状，对国内外的汉语语义标注语料库进行梳理。

一、北京大学的汉语词义标注语料库

北京大学计算语言学研究所建设的汉语词义标注语料库，该语料库所选语料是《人民日报》2000 年 1—3 月和 1998 年 1 月 1—10 日的语料（共计 642 万字）。语料在词义标注前已经完成了分词和词性标注，语义标注所用词典是北大计算语言学研究所研制的“现代汉语语义词典”（Chinese Semantic Dictionary，CSD）。该词典是在“现代汉语语法信息词典”基础上，利用词语的组合关系来描述词义[①]。经过词义标注的语料在可计算性方面得到了提升，有利于语义的计算，但仍存在许多标注不一致的问题。

二、苏州大学的 L2bank（Langus-latus Bank）语料库

L2bank 语料库是参照知网构建的语义语料库，并为其提供了丰富的访问控制接口。语料库以知网作为语义知识来源，通过词义消歧技术、语义关系挖掘和结合词性过滤多种方式，给六个月的《人民日报》语料添加基于知网的语义知识。在自动标注过程中，通过引入了上下文滑动窗口机制为标注对象确定语境，并开发了人工校验工具对机器自动标注的结果进行校验，确保标注语义的正确性。

三、汉语句义结构标注语料库（BFS-CTC）

北京理工大学为了满足汉语句义结构研究的需要，根据汉语语义学的句义理论，提出了层次化、可扩展、可计算的汉语句义结构模型，构建了 BFS-CTC 汉语标注语料库[②]。语料全部来自新闻报道，经过人工收集、整理，涵盖了主谓句、非主谓句、把字句等六种句式，提供了词法、句法及句义结构的标注信息，规模已达到一万句。标注内容方面，标注了句义类型、

---

① 金澎等 . 词义标注语料库建设综述 . 中文信息学报，2008.3

② 刘盈盈，罗森林等 . B F S — C T C汉语句义结构标注语料库，中文信息学报，2013.1

谓词及其时态、语义格类型等信息。

四、宾州大学汉语浅层语义标注库（Chinese Proposition Bank，CPB）

宾州大学汉语浅层语义标注库的语料来源为新闻、期刊文章、广播新闻、广播谈话、博客等。3.0 版本中包含 173 206 动词的注释实例和 14 525 个名词实例，总动词框架 24 642，总框架集 26 467，名词的注释是限于一个相应的动词名词化。CPB 是建立在句法标注语料库 CTB （Chinese Tree Bank）基础之上，标注出部分句法成分相对于给定动词所具备的语义角色，是当前汉语句义分析研究中重要的语料资源。

五、北京语言大学的句子级语义标注现代汉语语料库

在黄曾阳的 HNC 理论的指导下，采取自上而下的方式，通过人工标注的方式对现代汉语语料进行句子级的语义标注。标注内容主要有三项：1. 句类，即句子的语义类型；2. 语义块，即句子的下一级语义构成成分；3. 句蜕，即包含在语义块内的句子。在已标注的 20 万字语料中，有 10 万字是真实的连续文本语料，另外 10 万字是由单独的句子组成的语料，共有 5500 多个句子，其中 80% 以上的句子来自真实语料。目标是建立一个包含 10 万个句子（约 200 万字）的句子级语义标注现代汉语语料库。

六、中国科学院声学研究所的 HNC 语义标注语料库

中国科学院声学研究所基于 HNC 理论的、采用人机结合的方式建设句子级的 HNC 语义标注语料库[①]。采用一种自上而下的标注方式，先标注大的语言单位，再标注小的语言单位。标注流程包含了多个子任务：语句

① 谢法奎，HNC 语义标注模型的构建，计算机科学，2009.5.

切分、句类判断、格式判断、语义块共享方式判断、语义块切分、语义块角色判断、语义块内部构成分析等。目标是将句子的语言空间和语言概念空间信息全部标注出来，语料库规模已达到 40 万字。

七、鲁东大学的语义结构语料库

鲁东大学在国家 973 项目的支持下，实现了一个经人工标注句子语义结构的大规模语料库，标注对象为《人民日报》1998 年 1 月份、4 月份两个月共计 420 万字包含 228 960 个句子的语料。主要标注谓语动词与其相关的名词性成分直接构成的语义关系，对现代汉语句子中的主语、谓语、宾语，同时对特殊句式“把字句”和“被”字句中“把”“被”的宾语、“由”字句中“由”的宾语（表施事）也进行语义标注。要求标注的结构必须体现谓语动词和名词性成分的直接语义关系，即“因果”关系。

另外，新加坡国立大学中文系王惠博士主持开发的华文教材语料库在词义标注方面也取得了一定成功。该词义标注语料库收入了人民教育出版社等 5 个出版社的中小学语文教材，采用《现代汉语词典》（第 5 版）作为词义体系进行词义标注。截至 2010 年，该语料库已经标注 2400 多个多义实词（限于名词、动词、形容词）的词义，总字数达到 200 万字。

从国内外语义标注语料库的建设来看，目前还存在许多问题。一是标注的规模还偏小，数据稀疏严重，难以满足自动标注模型训练的需求；二是标注的层次还不够深入，大都还是处于浅层的语义分析阶段，还没有完整的汉语句义结构的分析，难以满足发展迅猛的自然语言处理的知识需求；三是现有的语义标注语料库的标注，大多还是处理理论应用的实践验证阶段，相应的处理策略还不够完善；四是采用人工标注的方式还存在诸多缺陷，主要是耗费大量的人力和时间，且标注的一致性较低、难以实现大规模标注。所以要想提高标注语料库的效率和扩大语料库的规模、加深知识标注的层次，寻求机器自动或半自动标注的方法是一个明显的趋势。

第二章　深度语义标注语料库建设思路

语料库建设是指针对语言处理任务需求，按照预先制订好的加工原则、规范，为语言单位标注合适标记符号的过程，其结果是带有标注信息的语料库。我们建构的“深度语义标注语料库”有助于“词汇语义－句法语义”的一体化研究，有助于深入挖掘语义知识，推动语义网络工程的建设。

第一节　语义标注语料库建设的理论指导

自20世纪80年代以来，中文信息处理经历了字、词、句的处理阶段。经过几十年来语言学者和计算机专家的努力，中文信息处理技术已经取得了一定的成绩。然而目前较为成熟的技术还仅限于字、词以及浅层的句法语义分析阶段，深入的语义分析还举步维艰。因此，如何才能取得更为深入的语义分析效果？究竟哪条语义分析路线才适合汉语的语义分析？是需要我们深入研究的。

目前，基于不同的语义学理论，国内外研究人员根据自己研究的需要构建了一批汉语语义标注语料库。如汉语框架网（CFN）是以框架语义学为理论基础，以加州大学伯克利分校的FrameNet为参照，以汉语真实语料为依据，描述每个谓词的语义框架，以及这些框架之间的关系，通过框架对句子进行标注；中文命题库（CPB）根据格语法理论，在中文TreeBank

上对目标动词添加了一个语义角色标注层；北京理工大学根据贾彦德的现代汉语语义学理论，提出了层次化、可扩展、可计算的汉语句义结构模型，标注汉语句义结构中所包含的各个句义成分及其之间的组合关系，构建了BFS-CTC汉语标注语料库BFS-CTC；中国科学院声学研究所基于黄曾阳的HNC理论，采用人机结合的方式建设了句子级的HNC语义标注语料库等。以上这些在国内外比较有影响的语义标注语料库目前还处于理论验证阶段，相应的体系还不够完善，还处于发展研究中。

语形语法学面对的是人人会话，人们在语言习得过程中不知不觉地形成了建立在认知能力之上的语义网络，为语形语法规则提供了一份语义可选清单。基于个人具有的语义网络，可以解决人人会话中的语形语法问题。但是在人机会话中，面对不具备语义网络构建能力的计算机，语形语法就显得力不从心。自然语言信息的计算机处理，对西方的语形语法学提出了根本性的挑战。随着对语言结构机制研究的深入和语言信息处理对传统语言学的质疑，西方语言学从20世纪60年代以来出现了从语形研究向语义研究的重要转向。

长期以来，中国语言学界多随欧美语言学理论“跟着转”以求“结合”。中国当代语言学研究，最为紧缺的不是在语形语法学旧有框架内的继续描写，而是务必尝试建立基于汉语鲜明个性和人类语言本质共性的原创性理论[①]。李葆嘉自2000年以来，提出了基于汉语个性和语言共性建构的语义语法学，发表了系列论文和论著。在其论著《理论语言学中》论证了人类语言的本质共性是语义性，建构了具有可操作性的语义语法学理论和方法；在《汉语元语言系统研究的理论构建及应用价值》中，创建了现代汉语元语言研究理论和方法；在《语义语法学理论和元语言系统研究》中，基于个体语言发生论，提出了语言研究的内核模型，阐述了语言研究的受限理论。在《论言语的语层性、语域性和语体性》中，探索了语言内部的层次性，提出了语言研究的语域观，提出了信息符号互补理论即语言符号与非

① 李葆嘉，语义语法学理论和元语言系统研究，深圳大学学报－人文社会科学版，2003.3.

语言符号的互补性具有反比关系。在《汉语的词义搭配和义征的提取辨析》一文中，重新界定了义征的性质，深化了义征分析理论、义场建构理论和可操作性程序及其方法，提出了义征分析的受限性、适度性和评估性；建立了"语义统一场理论"，揭示了语形即语义的标记化或标记的语义，揭示了句法结构的本质是相关义场的语义关联即不同结构成分之间的义征缠绕，对句法结构或句子的合格度提出了语义语法的系统观。在《人工语言脑：自然语言处理装置的研制思路》一文中，提出了"人工语言脑"即自然语言装置研制的新思路，揭示了语言生成的过程即基于义征缠绕的语义节点激活，语言理解的过程即基于体验联想的语义节点换算；提出了个体的语义网络自构建能力和个人语言成长论；重建了基于义征缠绕的语义网络理论，建构了语义网络模型。在《试论词汇系统的语义性本质》一文中从词汇系统的论争及其症结、词汇系统与概念系统的关系、词汇语义特征的本质属性三个方面论述了语义性才是词汇系统的本质。在《语义语法学导论——基于汉语个性和语言共性的建构》一书中阐明了语义语法学的理论和研究方法。对20世纪中国转型语法学的理性反思和语言信息处理中语形研究的困境的思考中提出面向信息处理的语义语法理论，指出"人类语言的本质共性是建立在象似性感受的认知模式中、以语音为传输手段的语义性，其他所有属性都是语义性的派生"[①]。语法的本质是语义结构之法；词类划分的本质是语义特征分类；句法结构的本质是兼容性义场或词语之间的语义关联；语形的本质是语义的标价化或标价化的语义。

李葆嘉的语义语法学的研究目标是建构语义网络。认为语义网络建立在认知符号的实体范畴化（语义词类）和实体关联化（句法语义）基础之上。语义网络的基本单位是包含若干义征的词元（义位），词汇义征是语义网络中的最小颗粒度，词元（义位）聚合成语义次场，语义次场相当于语义次类，次场聚合成语义子场，语义子场相当于语义类，词元或者次场、

① 李葆嘉等.《语义语法学导论——基于汉语个性和语言共性的建构》，北京：中华书局，2007年，第290页。

子场之间的组合机制在于其义征缠绕。语义子场的成员因为具有相同的句法语义成分组合为句法语义范畴，从而组成语义句模。图示 2.1 如下：

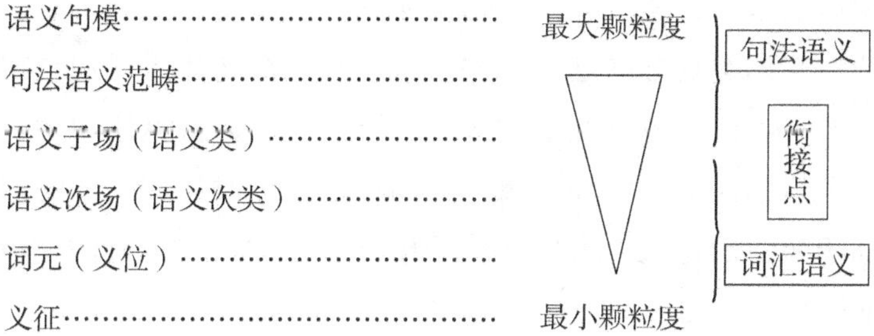

图 2.1

语义网络的构建中，语义子场或语义类作为词汇语义和句法语义的中间衔接环节，在语义网络的建构中十分重要。因此，在建构一个包含语义类和语义次类的语义词类系统的过程中，基于语料对词汇标上具体的语义类和语义次类，可以清楚地看到句子中各语义子场的关联，为寻找语义范畴与句法范畴之间的对应关系提供基础。对于句法语义范畴划分的原则包含层级性、基于话语结构、基于日常感知和体现特殊动核的原则。语义语法学的句法语义范畴最高层级的分类是从人类话语结构入手。语义语法学认为，人类话语包括命题范畴、情态范畴以及功能范畴。即：

话语 = 命题范畴 + 情态范畴 + 功能范畴

命题范畴 = 结核范畴 + 角色范畴

情态范畴 = 时体范畴 + 评估范畴

角色范畴 = 基本角色范畴 + 附加角色范畴

功能范畴是指由感叹词、语气词、口气、语调等话语功能标记。命题范畴则由角色范畴和结核范畴组成，分为指称类、陈述类和修饰类。以话语结构为基础建立的体系不同于以往研究的特点还在于范畴体系的划分力争做到日常化而非学科化，同时体现出特殊动核特点。

不同的语言观和语法观指导着不同的词类划分和句法分析，传统语法学以语形为标准。本研究以李葆嘉的语义语法学理论为指导，避免传统语法在句子分析时的逻辑分析套路，同时在句法语义范畴的标注中注重与语义词类的相互印证。语义语法学的语言观认为自然语言系统是建立在认知符号的实体范畴化和范畴关联化基础上的语义网络，认为语义编码是一切语言编码的基础，语法即语义结构法则。在语义标注分析时，基于日常感知的语义词类划分和基于事件图式的句法范畴体系区别与传统语法的句子分析，不依循思辨逻辑的守则。因为自然语言单位和逻辑结构单位并不能严格的对应，实词与概念之间不是完全对应，实词的词义也不完全等同于概念的定义。人们在使用语言表达时也并非遵循逻辑，而是依靠日常语义。

我们经过分析国内外语义的研究现状，并经过多年在汉语语义语法学的理论与实践积累，针对汉语自身特点，在句子级的深度语义分析方面，选择了语义词类和句法语义范畴分析相互制约的句法语义分析研究路线。句法语义范畴作为与词汇语义相对应的句法语义的一部分，一方面对语义词类的划分起制约的作用，使语义词类的划分摆脱盲目性；另一方面也是全面构建现代汉语句模系统的前提和关键所在。这种基于语义词类的句法语义分析，是在句子级进行深层语义分析的一种有益尝试。

第二节　语料库标注规范

要建成高质量的大规模的标注语料库，需要具备多方面的基础和条件。除了遵循相应的语言理论体系，还需要根据语料库的应用需求，制订完备、具体的可供人机两用的标注加工规范。深度语义标注语料库的构建是一项复杂而巨大的语言工程。制订加工规范的作用有两个，一是可以为加工、校对人员提供基本的标注范例，保证标注结果的一致性；二是可以为自动标注工具提供有用的规则描述，为错误标注的分析处理提供帮助。语料库的生命在于质量。大规模语料库的加工中，关于正确性和一致性的质量保证是极其困难的。合理、完备的加工规范，有利于标注质量的提升和减少不一致现象的发生。

一、规范制订的原则

为了提高语料库的加工质量，在制订语料库加工标注规范时，我们应遵循以下几条原则。

1. 合理的质量要求。准确率是衡量语料库标注质量的一个重要指标。准确率是指语料库中正确标注所占的比例，符合标注规范要求的标注就是正确性标注。只有达到一定的准确率，才可建成高质量的大规模的标注语料库。

2. 完备的加工规范。为了构建高质量的语料库，需要制订完备的语料库加工规范。并列举出一些实际标注范例，便于标注者参照。这对于提高标注的准确率及保证语料库的一致性非常重要。

3. 较好的覆盖面。语言是一个庞杂、开放的系统。各种语言现象层出不穷，标注体系应尽可能考虑到不同的语言现象。

4. 一定的适应性。规范既要适应语言信息处理的需要，又要能为传统的语言学研究提供服务；既要适合计算机自动处理，又要便于人工校对。加工规范应该尽量简洁、清晰，便于标注者理解。

5. 规范的强制性。加工校对人员的所有操作应严格遵循操作规范，不得自作主张（即使认为规范某些地方不尽合理），追求标注的一致性是规范的目标之一。即使出现标注一致性错误，通过查找替换也很容易得到统一订正。

二、制订规范的策略

真实语料文本中涉及到的语言现象灵活多样，语料库中总是会出现一些模糊或未预见的特殊语言现象，不可能通过一部标注规范就能完全包括各种语言现象，即使是最细致的标注手册也不可能完全提供所以问题的解决方案。因此，很容易出现标注不一致的现象。据此我们制订相应的处理策略。

1. 任务之初，首先对语料进行小规模标注。标注小组成员通过小规模的标注可以深入了解规范和验证规范的适用性。

2. 将所有标注者集合成为标注组，定期定量分配标注任务，定期讨论反馈信息，及时补充、更正规范内容。

3. 针对标注过程中不断发现新问题，及时对现有规范进行补充和修订。使之能更好地符合新的语言事实，形成了一整套比较完善的汉语语义知识标注规范。

4. 在标注过程中，要求标注者总结标注任务中的问题，专人收集归纳标注问题，最终集中讨论，对看法不一致的标注，集体进行表决，消除分歧，统一标准。规范基本确定统一后，大规模的语料标注才正式展开。

三、加工的一致性要求

语料库加工质量除了加工精度指标外，通常还用一致性程度来进行评估。一致性是指对同一个语言现象，整个语料库的标注结果要一致。这只是一种理想标准，实际上很难做到完全一致，由于语言是一个开放的集合，各种语言现象都可能出现，同一标注对象在不同语境中可能会有不同的标注结果。但若是在同样或类似的语境中出现，那么一般需要标注一致，否则算是不一致标注。

标注不一致性原因主要有如下几点。

1. 规范本身的不完善。标注者标注的基本原则是参照语料库加工规范，但是由于语言现象极其丰富，规范不可避免存在一些不完善的地方。

2. 语料加工规范的操作执行可能出现偏差。对于参照规范进行标注操作而言，可能受工作者的知识背景、专心程度及身体状态的影响，不同的标注人员对相同或类似的标注会出现不一致。

3. 加工规范中的一些标注规则前后进行了修改，这也使得修改前后的语料标注不一致。汉语语言是灵活多样的，出现标注不一致的现象是可以理解的，但是不一致程度是有要求的，要在规范的基础上保证标注的准确率，尽量避免不一致现象。

4. 在修订规范的过程中，我们发现规范的制订并非越详尽越好。一般来讲，规范编写的详细利于标注者参照，但如果规范过于具体有时反而容易产生冲突现象。

在标注语料库的过程中，通过以上规范制订原则的指导和经过不断摸索总结经验方法的策略下，我们最终制订形成了比较完备的加工规范，基本上涵盖了该语料库标注中遇到的各种语言现象。

第三节 语料库标注的原则及注意问题

语料库标注是为了便于计算机获取语言信息，使用标注集（标注附码）为语料添加元信息的过程。“元信息”是指为文本提供的更多额外信息，例如词、词性、句法、语义、语用、篇章等层面的信息。如果从语料库标注的过程与结果考察，语料库标注则是指针对语言处理任务需求，按照预先制定好的标注规范、原则，为语言单位标注合适标记符号的过程，其结果是带有标注信息的语料库。

一、语料库标注的原则

英国著名语言学家李奇（Leech）是当今语料库语言学的代表人物之一，他认为语料的标注应该遵循七个基本原则[①]。这七个原则对语料库标注有着较大的影响，对当今的语料库标注仍有较强的指导意义。但随着语料库技术的发展，各种类型的标注语料库层出不穷，为了适应语料库技术的发展，我们对李奇的标注原则进行了相应修改。

1. 以语料库的主要用途为导向设计标注系统

在筹建语料库之初就应考虑语料库的主要用途，并根据语料库的用途

① Geoffery Leech. Corpus annotation schemes. Literary and Linguistic Computing. 1993.

设计语料库标注系统。不要盲目追求标注系统的精细和规模，那将会增加语料库标注的难度、增加标注成本。现阶段，语料库技术经过几十年的发展，各种专业用途语料库不断涌现，极大地丰富了语料库的类型。对于专业用途的语料库应以实际用途为导向设计标注系统，要避免标注系统过于庞大复杂，造成标注工作繁重，难以保证质量和按时完成任务。另外，由于专门用途语料库多为小型语料库，语料库建成之后使用率一般较低，且小型语料库往往在技术、资金等方面较为紧张，则更需以语料库用途为导向，设计合理、适用的标注体系。

2. 语料库应注意与不同层次的标注的兼容性

语料库已经成为自然语言处理研究的重要资源，自然语言处理研究需获取语言不同层面的信息，如词性、词类、句法结构、语义信息等都需要从标注语料库中获得。自然语言处理中语言信息需求是多种多样，因而出现了各种满足不同需要的标注语料库，如分词语料、词性标注语料库、短语结构标注语料库、句法结构标注语料库、语义标注语料库、语义角色标注语料库等。但一般这些标注语料库中语料内容并不相同。如果各种类型语料库的标注语料相同的话，则能在不同的语料库中获得不同层面的标注信息，从而提高语料库标注的应用价值。这方面，宾州树库是一个较好的范例。宾州树库刚开始是作为句法结构标注语料库出现的，随后在其基础之上标注了语义角色建成了宾州命题树库（CPB），从而进一步拓展了宾州树库的功能，扩大了宾州树库的应用范围。

3. 语料的使用者应该明晰标注符号的含义和标注的规范

标注符号是用来指称语料中存在的各种语言信息的符号。语料中不同层次的语言信息五花八门，各种类型的语言信息都可能出现，假如用自然语言来标注语料，那么标注将会异常冗长复杂，影响信息的提取利用。因此为了使标注简便明了，需要设计特定符号来指称语言信息，这样便可以大大减少标注文件的体积，便于计算机处理和利用。用户只需要了解标注符号的意义就可以对标注进行解读。但标注符号与它所指称的语言信息之间的理据性往往不强，如果用户事先不清楚标注符号的含义，那么会给用户使用语料库造成障碍，因此要编写详细的帮助信息告知用户标注集中每个标注符号的含义及相应的标注规范。例如一些大型的在线语料库都会在显要位置提供帮助信息，告知用户各种标注符号的含义，方便用户使用语料库。

4. 应向用户声明语料库的标注并非完美无缺

不论是人工标注，还是计算机自动标注，还是两者的结合的标注，都有可能产生标注的错误和分歧。因为语料库标注的过程实际上是对语料中语言单位的特征进行分析的过程，不同的人可能会有不同的分析结果，难免会出现一些错误和不一致的现象。

5. 在语料的使用说明文件中注明标注者以及标注方法

在使用说明文件中应注明语料标注是采用人工的方式还是计算机自动标注的方式、是一个人完成还是由多人共同完成、每篇语料的标注者是谁、标注日期等信息。语料库用途广泛，语料库使用者也有不同层次的需求，部分用户可能对语料库标注有着严格的要求，标注者使用的标注模式、标注者的知识背景等有时是他们关注的细节。例如，有些语料是由计算机自动标注的，而目前计算机自动标注的精度还不是很高，标注错误可能五花八门，尽管有时经过了人工的校对，但也很难完全地消除所有的标注错误。使用者了解这一点对于标注的理解是非常有用的。

6. 标注应该尽量采用被人们普遍接受的语法理论

在标注的过程中，为了方便语料库的使用，标注应该采用使用范围广泛的语法理论，而不是采用使用范围较窄的某一特定的语法理论。这当然是针对一般的语料库而言，如果语料是被用来验证某一特定的语法理论，那就需另当别论了。在标注理论的确定过程中，目前比较理想的做法是，综合考察已有的各种标注理论，分析各种理论的长处与短处，结合自己语料库的实际应用需要，选用一种折中的标注理论。

7. 语料库标注应该利于语料库资源共享

随着语料库数量不断增多、规模不断增大，为了提高语料库的利用率和尽量减少重复劳动，语料库共享应是全面发挥语料库作用和价值的重要方式。然而由于各语料库标注系统之间标注及规范的不统一影响了语料库资源的共享，因此有必要采取标准的规范来设计标注系统，方便语料库资源的共享利用。但目前还缺乏专门组织或机构来推动语料库的标准化。例如中文信息处理方面，最基本的词性标注集、句法结构类型都没有得到统一，这些问题都对语料库的资源共享带来不便。

8. 语料库标注应考虑相关软件的支持

语料库工具软件能最大限度上发挥语料库的优势。用语料库工具软件处理语料，相比人工操作，能显著提高处理语料的速度和效率。目前语料库工具软件种类越来越多，功能也逐渐丰富。我们在设计语料库系统时，应该为相关语料库工具软件预留接口。例如语料文本要采用语料库工具软件支持的字符集，避免出现语料库软件和语料库所用字符集不兼容的情况。另外，尽量使用能共享的工具软件，减少重复开发。比如国家语委的现代汉语语料库就对外免费提供分词和词性标注工具、字词频率和统计工具共享使用。因此在建设一些小型的专门用途的语料库时，应尽可能采用主流的标注方法及规范，从而获得相关共享软件的支持。

上述八个原则，概括起来只有一点，即最大可能地方便标注者和使用者。实际上，语料的标注和使用始终是一对矛盾[①]。从用户的角度，语料标注得越详尽越好，而标注者则还需要考虑标注的可行性问题。因此，任

① 邢富坤．面向语言处理的语料库标注：回顾与反思．解放军外国语学院学报，2015，38(03)：8-13.

何标注模式都是二者之间求得的一种妥协的结果。

二、语料库标注应注意的问题

国内对语料库标注的研究相对较少，一般只是依附语料库建设工程的标注类型展开，侧重于构建标注某一层次语言信息的标注系统，属于语料库技术规范的一部分。这类研究往往具有较强的针对性，依据语料库的具体情况，构建标注体系，但缺乏对于理论层面的总结和思考。语料库标注什么信息、如何去标注以及如何检验标注质量等其实都是值得语料库制作者深入思考的问题。

关于语料库标注什么的问题一直存在争议。例如，即使像词性这样一种基本上被认为在不同语言中普遍存在的标注内容，也存在很大争议。我们应该从两个方面来分析语料库应该标注什么的问题。一方面从语言研究角度、从语言自身特点出发，研究能够合理表征语言所蕴含的信息的标注内容。对标注内容要进行合理设计，使得同一类标注内部具有较强的一致性，而不同类别的标注之间具有较强的区别性；另一方面根据实际处理任务，结合计算机处理自然语言的特点设定标注内容，充分发挥计算机快速的处理能力和匹配能力，在保证标注内容的标准明确、标注内容之间区分清晰的前提下，尽可能细致地划分类别，从而更好地表征语言符号之间的差异。

关于如何标注的问题，首先应该从标注正确性考虑。根据标注内容制订方便、明确、合理、可控的标注操作规范，保证标注的正确性和标注的一致性。操作规范内容应尽可能具体，不能仅停留在抽象的说明，要多结合案例举例说明。应该对每种标记符号的使用都配备实例，并以实例说明不同标记符号之间的具体差异。尤其是对难以明确区分的标记，更应该加以详细说明和示例分析，以便标注者更好地把握标注标准。

对于开发自动标注系统而言，人工标注的用于计算机学习的信息要具有针对性，使得少量的标注信息就能够帮助计算机解决大量问题。例如，在语义词类标注中没有必要对大量存在的只有一个词类的单类词进行过多标注，而应该集中标注具有多种可能词类的词，为计算机尽可能多地提供区分信息，而对于只有一种词类的词，机器不需学习就能正确标注。

对于如何检验标注质量的问题，可以从两个方面来考察。一方面是看检测结果，通过对已标注语料的检验，计算标注的准确率、T 值等评价指标，来考察标注的质量。另一方面，可以根据已标注语料在实际任务中的使用效果来考察标注质量。例如，如果要考察语义词类标注的质量如何，可以将词类标注的结果放到句法语义分析中，看该词类标注对于句法语义分析的贡献程度，如果贡献程度比其他标注结果好，那也可以说明该标注质量好。

第四节 深度语义标注语料库介绍

一、语料的来源

本研究是以江苏教育出版社出版的九年制中小学语文课文作为语料来源。该语文课本为典范的现代汉语作品，所用的词语具有一定的基础性、功能性、普及性，可以比较真实地反映现代汉语的文字、词汇、语法、语义等。文中用语相当规范，错字、语法错误极少，文体也较丰富。虽说不能覆盖当代汉语使用的全面情况，但也是一个有代表性的子集。九年制语文课本包括小学语文课本和中学语文课本两个部分。共计九个年级 18 册课本，共有课文 439 篇。需要说明的是，我们剔除了中小学语文课文中的古诗和文言文部分，主要是考虑到古诗和文言文的标注与现代汉语的句法语义标注特征差异过大的原因。

从中小学语文课本的体裁统计表（表 2.1、表 2.2）可以看出语料主要以记叙、散文为主要体裁，同时涵盖了诗歌、说明、寓言、议论、戏剧、小说等多种形式。

表 2.1　小学语文课本语义信息库篇章体裁统计

年级	册次	篇数	诗歌	记叙	散文	寓言	说明	议论	戏剧	小说
一	上册	13	3	4	4	2	0	0	0	0
	下册	26	1	16	4	5	0	0	0	0
二	上册	23	5	12	1	5	0	0	0	0
	下册	24	6	16	1	1	0	0	0	0
三	上册	24	2	17	1	0	3	0	0	1
	下册	26	1	17	3	1	4	0	0	0
四	上册	24	4	11	3	0	5	1	0	0
	下册	23	3	16	2	1	0	0	1	0
五	上册	26	3	16	5	2	0	0	0	0
	下册	26	4	11	5	0	6	0	0	0
六	上册	25	3	11	10	0	0	0	1	0
	下册	24	3	7	12	1	1	0	0	0
合计		284	38	154	51	18	19	1	2	1

表 2.2　中学语文课本语义信息库篇章体裁统计

年级	册次	篇数	诗歌	记叙	散文	寓言	说明	议论	戏剧	小说
七	上册	25	3	6	15	1	0	0	0	0
	下册	26	4	14	2	0	6	0	0	0
八	上册	29	4	8	11	0	4	1	0	1
	下册	30	2	4	8	0	6	6	0	4
九	上册	25	0	3	13	0	0	6	0	3
	下册	20	1	1	7	0	0	4	4	3
合计		155	14	36	56	1	16	17	4	11

二、语料库的构成及规模

深度语义标注语料在文本校对、分词及传统词性标注的基础之上，重点进行了语义词类标注和句法语义范畴标注。从形式上包括四个子库：1. 原始语料库，即九年制中小学语文课本语料库；2. 语义词类标注语料库，即对词汇单位进行义类标注形成的语料库；3. 句法语义范畴标注语料库，是对句法语义信息标注形成的标注语料库；4. 链接语料库库，即把语义词类和句法语义范畴标注语料库合并形成的标注语料库。未加工前的九年制语文课本语料库分两个部分，小学课本语料共 131 854 字符，中学课本共计 241 256 字符，合计 373 110 字符。详细规模见下表 2.3。

表 2.3　九年制语文课本语料库规模

	小学语文课本原始语料库						中学语文课本原始语料库		
年级	一年级	二年级	三年级	四年级	五年级	六年级	七年级	八年级	九年级
字符	5 487	10 768	19 428	23 884	33 968	38 319	74 636	77 900	88 720

经过加工标注后的“深度语义标注语料库”包括两个部分，小学课文标注语料共 251 483 字符，中学课本标注语料共 463 870 字符，合计 715 353 字符。详细规模见下表 2.4。

表 2.4　深度语义标注语料库规模

	小学语文课本语义标注库						中学语文课本语义标注库		
年级	一年级	二年级	三年级	四年级	五年级	六年级	七年级	八年级	九年级
字符	11 114	21 668	35 477	44 333	66 002	72 889	143 456	146 917	173 497

第五节　语料库加工流程及标注样例

一、深度语义标注语料库的加工流程

具体如下图所示：

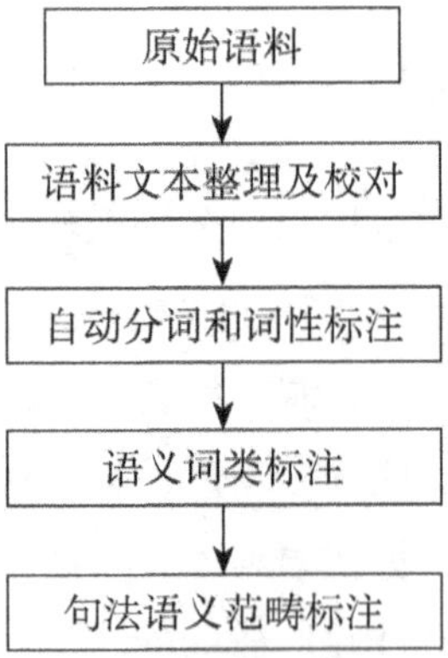

图 2.2

二、原始语料样本

深度标注语料库以课文为单位进行编号。小学语文课本语义信息库，用“小”的拼音首字母X表示；中学语文课本语义信息库，用“中”的拼音首字母Z表示。示例如下。

X010101的含义：X（小学）01（一年级）01（上册）01（第一篇）

Z070204的含义：Z（中学）07（七年级）02（下册）01（第四篇）

X010110《冰花》

小童清晨醒来，看见玻璃窗上结了一朵朵晶亮的冰花。

他惊奇地喊着：“妈妈，你瞧，玻璃窗上开花了！”啊，真漂亮！它像宽大的树叶，像柔嫩的小草，像丰满的牡丹，一束束，一朵朵，晶亮，洁白。

小童问妈妈：“这花是从哪儿来的？”妈妈笑了笑说：“是冬爷爷在你睡觉的时候送给你的。”

三、自动分词与词性标注

在进行语义信息标注前，首先要对原始语料进行机器分词和词性标注。对原始语料进行分词和词性标注使用的是由我们以前开发的CIPP中文自动分词软件。该软件所使用的词性标注系统是北京大学计算语言所的词类标注体系。

X010110《冰花》

小童 /n 清晨 /t 醒来 /v，看见 /v 玻璃窗 /n 上 /f 结 /v 了 /u 一 /m 朵朵 /q 晶亮 /a 的 /u 冰花 /n。

他 /r 惊奇 /d 地 /u 喊着 /v：“妈妈 /n，你 /r 瞧 /v，玻璃窗 /n 上 /f 开 /v 花 /n 了 /u！”啊 /e，真 /d 漂亮 /a！它 /r 像 /v 宽大 /a 的 /u 树叶 /n，像 /v 柔嫩 /a 的 /u 小草 /n，像 /v 丰满 /a 的 /u 牡丹 /n，一 /m 束束 /q，一 /m 朵朵 /q，晶亮 /a，洁白 /a。

小童 /n 问 /v 妈妈 /r：“这 /r 花 /n 是 /v 从 /e 哪儿 /s 来 /v 的 /u？”

妈妈 /n 笑 /v 了 /u 笑 /v 说 /v：“是 /v 冬 /n 爷爷 /n 在 /e 你 /r 睡觉 /v 的 /u 时候 /t 送给 /v 你 /r 的 /u。”

四、语义词类标注示例

语义词类标注是在自动分词的基础上进行的，语义词类依照《现代汉语语义词类标注系统》进行标注。语义词类共包含十个大类型，分别是指称类、陈述类、描述类、限定类、询问类、标记类、关联类、情态类、语气类、呼应类，下面又具体分次类和小类。目前，语义词类标注到《现代汉语语义词类标注系统》的第二层级即次类。

语义词类标注示例。

X010110《冰花》

小童 /mc 清晨 /sj 醒来 /zd，看见 /gz 玻璃窗 /mc 上 /kj 结 /xd 了 /st 一 /sl 朵朵 /lb 晶亮 /xz 的 /zg 冰花 /mc。

他 /cd 惊奇 /qz 地 /zg 喊着 /yy：“妈妈 /mc，你 /cd 瞧 /xd，玻璃窗 /mc 上 /kj 开 /xd 花 /mc 了 /st！”啊 /gt，真 /pg 漂亮 /xz！它 /cd 像 /by 宽大 /xz 的 /zg 树叶 /mc，像 /by 柔嫩 /xz 的 /zg 小草 /mc，像 /by 丰满 /xz 的 /zg 牡丹 /mc，一 /sl 束束 /lb，一 /sl 朵朵 /lb，晶亮 /xz，洁白 /xz。

小童 /mc 问 /yy 妈妈 /mc：“这 /zb 花 /mc 是 /pd 从 /jy 哪儿 /xw 来 /zd 的 /yq？”妈妈 /mc 笑 /zd 了 /st 笑 /zd 说 /yy：“是 /pd 冬 /mc 爷爷 /mc 在 /jy 你 /cd 睡觉 /zd 的 /zg 时候 /sj 送给 /zd 你 /cd 的 /yq。”

五、句法语义范畴标注示例

句法语义范畴标注按照《现代汉语句法语义范畴标注加工规范》进行加工。《现代汉语句法语义范畴标注加工规范》将句法语义框架分为陈述结构和指称结构两大类。陈述结构框架以陈述词（相当于传统的谓词）为结构核心。指称结构框架以名词（或名词性词语）为结构核心。具体标注时，以语块为单位标注句法语义范畴，暂不考虑由短语构成的句法语义范畴，另外超句范畴在标注中也暂不考虑。《现代汉语句法语义范畴标注规范》把标注体系中所涉及语义类型归为核心、内层、外层、附层四个大类。各成分标记如下。

1. “结核范畴”标注在相应句子成分之后，用【××】括起来。

2. “角色范畴”标注在相应句子成分之后，用［××］括起来。

3. “情态范畴”标注在相应句子成分之后，用（××）括起来。

4. “语气范畴”属于全句，标注在全句之后，用｛××｝括起来。

5. 复杂语句中间的“关联范畴”（即复句关系），用〈××〉括起来标注在分句之间，如简单语句 1+〈转折〉+ 简单语句 2。

句法语义范畴标注示例。

X010110《冰花》

小童 /mc［JS］清晨 /sj［JSJ］醒来 /zd【HZD】，〈LLG〉看见 /gz【HGZ】玻璃窗 /mc 上 /kj 结 /xd 了 /st 一 /sl 朵朵 /lb 晶亮 /xz 的 /zg 冰花 /mc［JSS］。{YCS}

他 /cd［JS］惊奇 /qz 地 /zg 喊着 /yy【HYY】：“妈妈 /mc［DHY］，你 /cd 瞧 /xd［DTS］，玻璃窗 /mc 上 /kj［JYU］开 /xd【HCX】花 /mc［JSU］了 /st！{YGT}”［JSY］啊 /gt［DGT］，真 /pg（PTC）漂亮 /xz【HXZ】！{YGT} 它 /cd［JYB］像 /by【HBY】宽大 /xz 的 /zg 树叶 /mc［JYT］，〈LBL〉像 /by【HBY】柔嫩 /xz 的 /zg 小草 /mc［JYT］，〈LBL〉像 /by【HBY】丰满 /xz 的 /zg 牡丹 /mc［JYT］，〈LLG〉一 /sl 束束 /lb，一 /sl 朵朵 /lb，晶亮 /xz，洁白 /xz。{YCS}

小童 /mc［JYH］问 /yy【HYY】妈妈 /mc［JSS］：“这 /zb 花 /mc［JZI］是 /pd 从 /jy 哪儿 /xw［JCS］来 /zd 的 /yq【HZD】？{YYW}”［JSY］妈妈 /mc［JYH］笑 /zd 了 /st 笑 /zd 说 /yy【HYY】：“是 /pd【HPD】冬 /mc 爷爷 /mc［JDS］在 /jy 你 /cd 睡觉 /zd 的 /zg 时候 /sj 送给 /zd 你 /cd 的 /yq［JSD］。{YCS}”［JSY］

第三章　深度语义标注语料库的语义词类系统

当前，国内主要的语义词类划分，从分类目的来看，已从单一的面向汉语本体研究，发展为同时面向汉语本体研究和中文信息处理使用。如何在中文信息处理中成熟地应用语义研究的成果则逐渐成为语言学者关注的焦点。在中文信息处理领域，词类知识十分重要。因为计算机理解和处理自然语言是从词开始的，词是组成句子的基础单位。“语义分类（或叫‘语义分割’）是语言对连续而无界限的经验领域进行分割和范畴化”。[①] 比如，我们把“上海”归为名词，“美丽”归为形容词；我们把“汽车、自行车、火车”等放入“交通工具”一栏里；我们把“青椒、青菜、南瓜”列到“蔬菜”的条目下。没有分类就无法比较，分类对于我们认知世界是不可或缺的。事物及其运动或性状的共性与个性，体现在语义系统中形成语义分类。

第一节　汉语语义词类系统研究概况

义类研究是中国传统语言学的重要组成部分之一。中国古代大量义类专书的存在，反映了汉语的特点和各时代的客观需要。雅学的兴盛、训诂

① 马清华著，文化语义学．江西人民出版社，p.21.

学在语义研究上的突破、雅学从语言研究层面向应用层面的发展等，都与关注义类相关。雅学“同义类聚”编排方式的兴盛，又推动了古代类书的编纂发展，并启发今人编纂现代汉语义类词典。[①] 我国最早出现语义分类的是秦汉之间编成的我国第一部分类词典《尔雅》，它首创按意义分类编排词典的体例，将 4300 多个词语分为两千多个条目，共两大类。第一大类中有 3 类（诂、言、训），都是对一般词语的解释，相当于同义词词典；第二大类中有 16 类（亲、宫、器、乐、天、地、丘、山、水、草、本、虫、鱼、鸟、兽、畜），都是对各种名物的解释，包括社会现象和自然界现象，相当于百科词典。《尔雅》所开创的通过归纳义类来系统地观察、分析汉语词汇的方式，以及“同义类聚”的辞书编排方法，对汉代以来的传统语言学、词典学产生巨大的影响。《尔雅》之后，以其体例编纂的词典性工具书相继而出。如《方言》《说文解字》《释名》《小尔雅》《广雅》《埤雅》《尔雅翼》《骈雅》《通雅》《别雅》《比雅》等等。另外，还有《骈字类编》《通俗编》《俚语征实》等等。

但是清代以后，一直到 20 世纪 70 年代，由于历史的原因，这中间对词汇进行语义分类的研究工作一度中断，20 世纪 80 年代开始，才又再次兴起。如《普通话三千常用词表》（郑林曦 1959）、《同义词词林》（梅家驹 1983）、《现代汉语分类词典》（徐为民 1984）、《简明汉语义类词典》（林杏光、菲白 1987）、《汉语多用词典》（林杏光 1990）、《现代汉语分类词典》（董大年 1998）、《现代汉语分类大词典》（董大年 2008）等。其中林杏光编制的《简明汉语义类词典》影响较大，该词典收词 6 万余条，按词义进行分类。分为 18 个大类，1730 个小类。书后附有全书词语的汉语拼音索引。该书的义类划分自成体系，并强调各个大类之间的内在逻辑联系。18 个大类形成一个有机的整体。该词典是在继承《尔雅》以来的雅书及类书传统的基础上，吸收借鉴国外义类词典的先进分类方法并与中国

① 张和生 . 汉语义类研究及其应用评析[J]. 北京师范大学学报(社会科学版)，2008，(05)：116-123.

义类研究的传统相统一。汉语主要的义类词典基本情况如下表 3.1 所示。

表 3.1　汉语主要义类词典简表

词典名称	时间	研制者	规模、层级	与传统语法词类关系
同义词词林	1985	梅家驹等	3 层；5 万余条	对应
简明汉语义类词典	1987	林杏光等	2 层；6 万余条	不对应
汉语多用词典	1990	林杏光等	3 层以上；7 万余条	部分对应
现代汉语分类词典	2008 新版	董大年等	2 层；4 万 9 千条	不对应
现代汉语分类词典	未出	苏新春等	5 层；8 万 3 千万条	对应

国内计算语言学界大多参考国外的语义词类系统，同时从汉语自有的特点出发，建立符合汉语信息处理的词级语义语言知识库。目前有代表性的词级语义知识库有：

1. 董振东等人于 1988 年着手开发的 HowNet（知网），是一个以汉语和英语的词语所代表的概念为描述对象，以揭示概念与概念之间以及概念所具有的属性之间的关系为基本内容的常识知识库。

2. 清华大学计算机系与中国人民大学、北京语言大学、北京青年政治学院共同承担的四大语言工程“现代汉语述语动词机器词典”“现代汉语述语形容词机器词典”“现代汉语名词槽关系系统”“信息处理用现代汉语语义分类词典”（已集成为“现代汉语词义知识库”）。[①]

3. 北京语言大学等开发的“905”语义工程。

4. 北京大学计算语言学研究所与中科院计算所研制的“现代汉语义类词典”（简称 SKCC）。

5. 北京大学计算语言学研究所开发的与 WordNet 兼容的汉语义类词典“中文概念词典”（简称 CCD）。

6. 上海师范大学与山西大学开发的类 FrameNet“汉语框架网”（简称 CFN）。

---

① 陈群秀．一个现代汉语语义知识库的研究和实现［A］．中国中文信息学会．中文信息处理前沿进展——中国中文信息学会二十五周年学术会议论文集［C］．中国中文信息学会：，2006：10.

表 3.2　国内主要词级语义语言知识库简表

项目名称	时间	研制者	规模	语义理论基础	其他
HowNet	1988—	董振东等	116 533 条记录	义原分析、语义关系描述	与传统语法词类对应
“905”语义工程	1990—1995	北京语言大学等	4 万余实词、近 5 万义项	语义场、格理论、语义网络	与句法结构对应
现代汉语语言知识库	1994—2006	清华大学、中国人民大学、北京语言大学等	7 万多动词、形容词、名词，11 万多义项	格理论、语义场、槽关系	与传统语法词类对应
现代汉语义类词典	1994—2003	北京大学、中科院	6.6 万余实词	语义分类、配价、语义角色	
中文概念词典	2000—	北京大学	近 7 万概念	类似 WordNet 的语义知识表述框架	
汉语框架语言知识库	2003—	上海师范大学、山西大学	130 个框架	框架语义学	

第二节　汉语语义词类系统的比较

以各家语义词类系统的最高层划分原则为首要区分标准，把目前的语义词类系统主要分为以下三种类型。

一、语义分类为主，兼顾传统语法词类

《同义词词林》

为了解决在写作与翻译的过程中发生词穷的情况，梅家驹等人于 20 世纪 80 年代编纂了《同义词词林》。该词典收录词语近 7 万，全部按意义进行编排，根据汉语的特点和实用原则，确定其分类原则：以词义为主，兼顾词类，并充分注意题材的集中。全书把词语分为大、中、小类三级，共分 12 个大类，94 个中类，1428 个小类，小类下再以同义原则划分词群。12 个大类是：人、物、时间与空间、抽象事物、特征、动作、心理活动、活动、现象与状态、关联、助语、敬语。第 1 至第 4 多属名词，数词与量词列入第 4 大类，第 5 大类多属形容词，第 6 至第 10 大类多属动词，第

11 大类多属虚词，第 12 大类是客套语。

由于完全是从服务于人的使用角度出发编纂该类词典，因而该词典的人机两用的兼容度比较低。体系中也有一些层次错位现象，或者是归类的过宽过窄现象等。因此，我们在构建现代汉语语义词类系统时要避免此类现象的发生，要考虑同时面向语言本体研究和中文信息处理应用。

二、传统语法词类为纲，语义词类为目

1. 现代汉语义类词典（SKCC）

开发现代汉语义类词典目的是想运用语义知识解决那些仅靠语法规则难以解决的问题，主要是面向汉英机器翻译的。其语义分类的特点是：分类的深度和广度取决于语法分析的需要、句法与语义相结合。现代汉语义类词典语义分类是在词的语法分类基础上进行的，目标是为语法分析解决歧义提供帮助，因此只对其中的名词、动词、形容词等实词进行语义分类描述。对那些带有明显标志的、通常用句法形式就可以表示的语义关系，如副词、助词等其他词类没有考虑。名词下具体分为具体事物类、抽象事物类、过程类、时间类、空间类等；形容词下分为事性值、物性值、人性值、空间值、时间值；动词分为静态关系、心理活动、动态行为。副词下分为程度、范围、时间、处所、频度、方式、否定。数词下分为基数、序数、概数、助数。①

2. 中文概念词典（CCD）

中文概念词典是与 WordNet 兼容的汉语义类词典。因此，它按照 WordNet 的框架，在传统语法词类的基础上构建义类词典。CCD 中的名词包括语法上的体词、一部分区别词（金、银、男、女）、一部分后接成分

---

① 王惠，詹卫东，俞士汶．“现代汉语语义词典”的结构及应用[J]．语言文字应用，2006，(01)：134-141.

（性、器、仪、机）、一部分语素（民、柿）、一部分成语、一部分习用语和一部分简称略语。名词的初始概念有25个，初始结构11个，初始结构与WordNet的名词初始概念一致，在此不赘述。CCD的动词包括语法上的动词、谓词性的代词，初始概念有15个，与WordNet一致。

以传统语法词类为纲划分语义词类的方法多用于机用义类词典或语言知识库中，它具有很强的信息处理专用性。但是，汉语与其他语言相比，属于典型的孤立语，缺乏屈折变化，它靠虚词和语序来表达语法和语义关系，虚词的研究在语言文本的理解和处理方面至关重要，"未来的语言知识库应该更加重视对虚词语义的研究和描写"[①]。因此，除了对实词进行语义分类，对虚词的语义分类也是我们必须考虑的。

三、哲学观点为纲，语义词类为目

1.《汉语多用词典》

依据人类对客观世界的认识，林杏光等编的《汉语多用词典》最高层分为两大类：自然世界、人工世界；自然世界下分为九类：物质、存在、运动、变化、时间、空间、数量、性质、关联；人工世界先分"个体"和"社会"两类，"个体"下分"躯体""内心活动""体外活动"，三类再做下位分类；"社会"下分"物质生活""社会关系""精神生活"。

2.《现代汉语分类词典》

苏新春等继承《同义词词林》以义项为义类归纳单位的做法，编写《现代汉语分类词典》(TMC)，该词典收词8.3万条，即将由商务印书馆出版(洪桂志2012)。苏新春等（2010）介绍该词典时说明，这个世界是由事物、运动变化、性质性状、关系四个东西构成的，所有的万事万物都由此而下

① 詹卫东，面向自然语言处理的大规模语言知识库研究述要，中文信息处理若干重要问题，科学出版社，2003，pp.107-121.

属而衍生。在这个语义哲学观的指导下，TMC 位于最上层的核心语义观是“人 - 自然 - 社会”，分出五个语义层级，包括 9 个一级类、62 个二级类、516 个三级类、2086 个四级类和 12 602 个五级类。其中一级类为：人、具体物、抽象物、动词类、性质与状态类、虚词类、空间类、时间类。同时，他指出，该词典“其功能是面向人，服务于人的语言使用，贯彻始终的是词的语义性”。但是语义分类是复杂的，构建于服务大众的语义分类体系的基本特征不是学科化、学理化，而应是大众化、常识化。

在一级类的九小类中，“动词类”注重的是动作的施行体、方式与程度；“虚词类”着重于句法功能。这两类相当于传统语法词类，既然“贯彻始终的是词的语义性”，那么再把传统语法词类搬入语义分类中作为一级类别是否合适？利奇（1987）曾明确说过：“我建议不要再硬把诸如名词、动词等单位用到语义分析中去。相反，我们要寻找适用于语义这一层次的单位和结构。”（转引自马清华 2000）

3.HowNet

董振东等（2007）在小结知网的理论发现时指出，知网把握世界是依据万物都在特定的时间和空间里运动和变化，万物改变着它们的属性，体现于相应的属性值。因此，世界可以被清楚地分列 7 大类，即知网的最高层分类：万物、时间、空间、属性、属性值、事件、部件。知网目前中文和英文各 10 万多词语义项的定义，都被这 7 大类所涵盖。

4.905 语义工程

陈小荷（1998）在介绍该工程中的语义分类时说明，世界上的一切事物都在一定的时间和空间中运动着，事物的运动和运动着的事物都有其属性，运动的结果是改变事物的某些属性。依据这样的哲学信念，把所有适合进行语义描写的词语分为事物类、运动类、时空类、属性类。该语义分类与传统语法词类中的实体词分类大体对应。事物类是名词和表示人或事物的代词，运动类是动词，时空类是时间词、表示时间的名词、副词、处所词、表示处所的名词、方位词，属性类是表示属性域的名词、表示属性值的形容词、状态词、名词、区别词、量词及一些意义比较实在的副词等。语义分析不包括语法上的虚词。它的主要语义理论基础是语义场理论与格理论。

5. 信息处理用现代汉语语义分类词典

信息处理用现代汉语语义分类体系从哲学角度定义客观世界，认为一切事物都是客观存在，一切存在都是时间、空间之中，一切存在都表现为运动和变化，一切事物和存在都表现为一定的性状和数量。从此定义出发，把语义分“运动（变化）类、事物类、形状（性质、状态）类，另分时间、空间和数量三小类”。尹一瓴、陈群秀（2004）在描述该语义体系时指出，把语义分超类、事、物、时空、部件 5 大类，并已对 5 万多现代汉语常用动词、形容词、名词进行了分类整理。主要为现代汉语述语动词机器词典、名词槽关系词典、语述语形容词提供语义分类的依据。

6. 知识本体系统、《新编同义词词林》

知识本体的主要任务是研究世界上的各种事物以及代表这些事物的范畴的形式特征和分类。冯志伟（2005）在研究日汉机器翻译中设计了一个知识本体系统 ONTOL-MT，从哲学角度出发认为世界上的一切事物都是在时间和空间中运动和存在的，表现出一定的行为和状态并具有一定的属性和数量。知识本体是《新编同义词词林》编写的重要理论基础。该词典由鲁东大学在《同义词词林》的基础上编写，邀请冯志伟做顾问。冯志伟在其知识本体系统的基础下，针对同义词词典编纂的需要，设计了 ONTOL-ML2 语义分类系统，该系统分为 14 大类：人、自然物、人造物、抽象物、事、时间、空间、数量、物理行为、心理行为、社会活动、现象和状态、属性、其他。

综上所述，现今的语义词类系统，从分类目的来看，主要有三种类型：1. 面向汉语本体研究；2. 面向中文信息处理使用；3. 同时面向上述两者。从分类标准来看，有的分类在语义划分时兼顾传统语法词类；有的分类单从语义角度出发，完全不兼顾传统语法词类；有的分类则是在传统语法词类的基础上进行语义词类的划分。各家在语义词类系统分类的层级、深度、方式等方面不尽相同。这是因为每个人认识语义概念的角度不同。比如，以生物学家的头脑来划分“人”这个概念，那么它是动物中灵长目的一种，被分入“动物”大类中；以社会学家的角度来划分“人”，那么人的社会属性决定了“人”与“动物”为并列的两类。总之，语义分类是复杂的，构建于服务大众的语义分类系统的基本特征应是大众化、常识化的。从语义语法学的观点出发，虽然语义单元不如语形标记那么明显，语义范畴不像语法范畴那样有限，但是“基于日常认知经验的语义单元、语义范畴，通过一定方式并非不能系统化、精密化，乃至最终形式化”。[①]

第三节　汉语语义词类系统构建的目的

计算机不具备汉语语义网络的自建构能力以及知识系统的自习得能力，它需要一套模拟语言能力的语言系统，包括语义语法和语言知识库等。汉语是语义结构型语言，对语义的依赖很大。因此，在建设中文信息处理的知识资源时，核心问题是语义学知识。要让机器理解一句话，对句子进行语义分析是关键，是达到话语理解的基础。而要对句子进行语义分析，则词语的语义分析是基石，它可以凸显出词语之间的隐性语义关系。可以说，中文信息处理急需语义的形式化研究成果。

一、为语言知识库的研究提供新思路

国内目前各家现代汉语语义词类系统在分类标准上，大体为三种。一、按照哲学观，即人对客观世界的认知来划分词类第一层，如信息处理用《现代汉语语义分类词典》、905 语义工程、HowNet、《汉语多用词典》等；二、

---

① 李葆嘉等，语义语法学导论——基于汉语个性和语言共性的建构，北京：中华书局，2007. p.22.

以传统语法词类为词类第一层，如《现代汉语义类词典》SKCC、《中文概念词典》CCD等；三、结合前面两种标准的，如《同义词词林》《现代汉语分类词典》等。总体来说，它们都是在词的句法功能平面和语义功能平面上对词进行语义分类。本研究构建的现代汉语语义词类系统首先从人类话语结构入手，通过说话人语言表达的形态、说话人的主观态度和看法划分范畴，继而从语义语法学层面出发划分次范畴。

二、为中文信息处理的研究提供基础

自然语言处理系统需要拥有丰富的语言知识库的支持，包括词汇、句法、语义、语用等方面。国内对面向自然语言处理的语义研究起步时间均不长，由于汉语的孤立性、意合性等特点，造成了汉语信息处理的语义研究更加困难，语义分类更加复杂。语言学界和中文信息处理界近年来都对汉语的语义分类进行了不少尝试，建立了一些基于语义信息的电子词典。有的词典采用词义分类的方法，对词义进行静态的聚合分类与动态的组合分类，通过词义知识给计算机自动分析提供更全面与更深入的语义信息。可见，在语言知识库的构建中，给词义进行分类是必不可少的，通过词义的分类，可以比较全面地描述词与词之间的组合信息。王惠等（2006）指出，利用词义信息可以帮助计算机在句法分析的过程中排除一些歧义结构从而得出正确的句法结构。利用词义信息还可以帮助计算机在机器翻译的过程中进行词义消歧，比如“清淡”在经过词性标注的文本中均是形容词：

“清淡 /a 的 /u 荷花 /n 香气 /n”

“生意 /n 比较 /d/ 清淡 /a”

但是有了语义知识的计算机，通过发现“香气”属于植物气味类，“生意”属于经济类，便可准确地判断出这两个“清淡”的不同，从而翻译第一个为“light”，第二个为“slack”。

对词语进行语义分类只是建立语言知识库的一项基础工作，但具有举足轻重的意义。我们在吸收现有研究成果的基础上，对词语进行语义分类，力求建立一个比较合理的语义词类框架系统，力求为“深度语义分析信息库”的建立提供基础性的研究。

三、服务于现代汉语语义网络的建构研究

本研究在构建现代汉语语义词类系统的基础上，对“深度语义标注语料库”中的语料进行词类标注，其最终目的是为了将语义分类的结果更具体地应用到语义网络建构的研究中。语义语法学观点认为，语义网络建立在认知符号的实体范畴化（语义词类）和实体关联化（句法语义）基础之上。语义网络的基本单位是包含若干义征的词元（义位），词汇义征是语义网络中的最小颗粒度，词元（义位）聚合成语义次场，语义次场相当于语义次类，次场聚合成语义子场，语义子场相当于语义类，词元或者次场、子场之间的组合机制在于其义征缠绕。语义子场的成员因为具有相同的句法语义成分组合为句法语义范畴，从而组成语义句模。语义子场或语义类作为词汇语义和句法语义的中间衔接环节，在语义网络的建构中十分重要。因此，建构一个包含语义类和语义次类的语义词类系统，在建构的过程中，基于语料对词汇标上具体的语义类和语义次类，可以清楚地看到句子中各语义子场的关联，为寻找语义范畴与句法范畴之间的对应关系提供基础。

中国传统语法研究以形态范畴为对象，划分为语法形式和语法意义，研究重点在语法形式，语法意义被抽象为脱离语义的形式意义，从而形成了语音、语义和语法的三分错位。借鉴西方语法框架建立的现代汉语体系和基于西方语言结构划分的现代汉语词类，尽管能解决部分汉语语法中的问题，但仍有许多问题无从解决。那些不能解决的问题多为汉语的个性问题。因此，我们必须“从人类的（不限于印欧族群的）、普遍的（非欧洲唯理主义的）语言学（非形态语言学的）高度”［李葆嘉等著，语义语法学导论——基于汉语个性和语言共性的建构，北京：中华书局，2007. p.275］来解决汉语语法理论的创新问题。李葆嘉的语义语法学从面向语言系统模拟的语义语法学从语义入手，以语义词类划分、语义范畴归纳、语义句模

抽象和语义网络构建为主要研究对象。认为语义词类的划分和句法语义的分析是其基础研究，两者之间相辅相成。只有在句法语义框架的制约下，语义词类的划分才可能摆脱盲目性。也只有在语义词类的划分基础上，句法语义范畴的标注才可能提高精准度。语义是本质，需要深度分析，而非点到即止。

第四节　语义词类的分类体系

要实现语义词类标注，首先要明确语义词类的分类体系和建立词类标注集。词类标注集是语义词类标注系统不可或缺的组成部分，是对词的语义类别进行划分的集合。跟以往依据功能划分词类的方法不同的是，本研究所提出的语义词类是根据语义特征进行分类的，是一个基于语义的词类系统，目标是为更深层次的句法语义范畴提供信息。

一、语义词类系统的分类原则

1. 基于话语结构

构建现代汉语语义词类系统的最终目的是为现代汉语语义网络的建构研究服务，语义网络内部相关词元（义位）之间的节点激活是产生话语“理解－生成”机制的重要基础。因此，我们在构建现代汉语语义词类系统的最高层分类时，是从人类话语结构入手。菲尔墨曾经认为，句子由命题与情态两部分组成。其中命题主要包括动词和名词，但情态部分未研究。之后，不同学派的语言学家都对情态进行过一定程度的研究，大致认为情态是一种表示说话人的主观态度或主观看法的判断与评论。

语义语法学认为，话语包括命题范畴、情态范畴以及功能范畴。

话语 = 命题范畴 + 情态范畴 + 功能范畴

命题范畴 = 角色范畴 + 结核范畴

命题范畴则由角色范畴和结核范畴组成，分为指称类、陈述类和修饰类。因此在构建现代汉语语义词类系统的最高层框架时，我们基于人类的话语结构，首先划分四大元范畴：指称、陈述、修饰、情态功能。

2. 基于日常感知

人们对于主客观世界的认知是在不知不觉的生活中形成。人们普遍熟悉的是飞禽和走兽或鸟类和鱼类等这样通俗的类名，因为人们往往基于它们的生活习性而对它们加以区分。因此，在构建现代汉语语义词类系统时，我们力求大众化、日常化，而非学科化。比如生物学中的学科分类，“界、门、纲、目、科、属、种”，“界”为“五界”：原核生物界、原生生物界、菌物界、植物界以及动物界，越往下则被归类的对象间越相近。可是这样的分类，比如原核生物界和原生生物界，有多少普通人能够区分并归类呢。

3. 基于语义语法

在前文比较不同的语义词类系统时，我们可以发现，完全从词语意义去划分词类的方法，主观性最大。比如《简明汉语义类词典》，它的划分便是完全根据词义标准的。在它的语义大类中有“六、仪容”和“十八、性质”，“六、仪容”中的“02 美”类中包括容貌性质形容词如“漂亮”，但同时在“十八、性质”中的“16 好”类中又包括了“漂亮”，从而造成了重合。在语义分类中，人为性、主观性是无法避免的，如果完全以语义标准划分词类的话，因个体的认知能力，对语义的把握不尽相同，很难把某些词归入某些类。同时，某两种词类间还往往会存在一些不典型的、比较难分类的词语。语义语法学认为，人类语言的本质共性是语义性，语法的本质是语义结构之法。在此观点指导下，词类划分的本质是语义特征的分类。例如，我们在基于话语结构划分出的指称类元范畴下，把具有［空间性］语义特征的词语作为该元范畴下的词类“空间词”。在陈述词类下，把具有［协同］［互向］［动作］语义特征的词语作为该词类下的一个小类。

二、语义词类系统的分类框架

在四种元范畴（指称、陈述、修饰、情态）的基础上，我们划分出指称类、陈述类、描述类、限定类、询问类、标记类、关联类、情态类、语气类共10大类42次类，193小类。[①] 各大类下划分次类。具体如下表所示。

表 3.1

元范畴	大类	词类	词例
指称	指称类	名称词	妈妈、身体、眼泪、文字、钱
		称代词	我（我们）、您、自己、大家、别人
		空间词	屋里、心上、门口、江苏、中国
		时间词	今天、星期一、春节、唐朝、从前
陈述	陈述类	自动词	来、走、死、起来、下（雨）
		协动词	结婚、吃、穿、给、洗澡、
		言语词	说、讲、通知、告诉、唱
		祈使词	命令、逼、禁止、派、指示
		加入词	参加、加入、与会、参与、做
		担任词	当、担任、当选、做、充当
		遭遇词	遇到、遭遇、蒙受、感染、受苦
		致使词	使、使得、致使、促使、令
		致变词	热、损害、动摇、委屈、感动
		存现词	没有、有、是、存在、在、显得
		变化词	变成、产生、消失、销毁、发生
		领有词	有、拥有、享有、包含、具备、
		感知词	看、听到、想、喜欢、认为
		判断词	是、非、为、合计、叫作
		比喻词	像、好像、如、好似、等于
修饰	描述类	性质词	善良、雪白、好、高大、黑咕隆咚
		状态词	勇敢、红烧、孤单单、笑哈哈、快
		声状词	汪汪、沙沙沙、嘎嘎、喔喔、哗哗
		情状词	亲口、赶快、蜂拥、毅然、尽量
		方式词	到处、纷纷、趁早、当面、丝毫
		趋向词	起来、下去、回来、进来、来
	限定类	指别词	这、那、所有、每、什么
		数量词	三、许多、一半、倍、第
		类别词	条、个、只、回、次
		计位词	元、步、省、篇、小时
		品类词	西式—中式、长期—中期—短期

① 李葆嘉、孙道功等，《现代汉语语义词类范畴系统》（2011.04 初版，2011.08 修订版），未刊

续表

元范畴	大类	词类	词例
情态功能类	询问类	询问词	谁、什么、为什么、是否、多少
	标记类	介引词	被、把、用、随着、在
		助构词	的、得、地、等、似的
	关联类	关联词	和、虽然、但是、因为、所以
	情态类	时体词	马上、已经、刚刚、经常、永远
		评估词	可以、能、应该、肯定、很
	语气类	语气词	啊、吧、了、吗、呢
		呼应词	喂、嗯、是、哦、噢

三、语义词类系统的标注集

我们采取词类名称首字母依次组合的方式，先将词类层级中的词类名称转写为汉语拼音，然后取前两个字的首字母进行组合。比如“自动词”，转写为汉语拼音“zi dong ci”，我们取其前两个首字母“zd”进行组合，标注“自动词”为“zd”。如果遇到首字母组合后重复的现象，取第二个字的第二个字母进行组合，比如“致变词”和“指别词”转写为拼音组合后都是“zb”，那么对于“致变词”，我们取“zi”替换“zb”，以保证不重复。

标记符号如下表所示。

表 3.2

词类	标记符号	词类	标记符号	词类	标记符号
名称词	mc	变化词	bh	数量词	sl
称代词	cd	领有词	ly	类别词	lb
空间词	kj	显示词	xs	计位词	jw
时间词	sj	感知词	gz	品类词	pl
自动词	zd	判断词	pd	询问词	xw
协动词	xd	比喻词	by	介引词	jy
言语词	yy	评价词	pj	助构词	zg
祈使词	qs	性质词	xz	关联词	gl
加入词	jr	状态词	zt	时体词	st
担任词	dr	声状词	sz	评估词	pg
遭遇词	zy	情状词	qz	语气词	yq
致使词	zs	方式词	fs	呼应词	hy
致变词	zi	趋向词	qx	寒暄词	hx
存在词	cz	指别词	zb	感叹词	gt

具体分类如下：

陈述类：自动词 hzd、协动词 hxd、言语词 hyy、祈使词 hqs、加入词 hjr、担任词 hdr、遭遇词 hzy、致使词 hzs、致变词 hzi、存现词 hcx、变化词 hbh、领有词 hly、显示词 hxs、感知词 hgz、判断词 hpd、比喻词 hby、评价词 hpj

描述类：性质词 xz、状态词 zt、声状词 sz、情状词 qz、方式词 fs、趋向词 qx

限定类：指别词 zb、数量词 sl、类别词 lb、计位词 jw、品类词 pl

指称类：名称词 mc、称代词 cd、空间词 kj、时间词 sj

呼应类：呼应词 hy、寒暄词 hx、感叹词 gt

询问类：询问词 xw

标记类：介引词 jy、助构词 zg

关联类：关联词 gl

情态类：时体词 st、评估词 pg

语气类：语气词 yq

第四章 语义词类自动标注研究

根据给定词汇的上下文信息及相关的语义词类分类标准，自动确定每个句子中每个词的语义词类的过程，就叫作语义词类的自动标注。但中文语义词类的自动标注研究至今还未见文献报道，从其技术实现层面上看，可借鉴中文词性的自动标注技术进行处理。目前，对于中文的词性标注的研究已有 30 多年了，技术比较成熟，标注精度较高。如中国科学院计算技术研究所开发的汉语词法分析系统 ICTCLAS，词性标注正确率已达到了 97.16%。

第一节 系统开发方案

一、性能指标要求

要设计一个高性能实用化的汉语语义词类自动标注系统，通常要考虑以下三项性能指标：标注精度、标注速度、系统的可维护性。

标注速度是反映系统效率高低的一项指标，而标注精度则直接反映自动标注系统的正确性与科学性。从处理的难度来看，要想较大幅度提高系统的标注速度，相对来说比较容易办到；而要提高标注系统的精度，哪怕只提高几个千分点也要付出较大的代价。系统的可维护性，一般指用户对系统中的词典及标注知识进行增、删、改的方便程度。由于词类标注过程的复杂性，要求做到完全没有标注错误是难以实现的。但是我们可以要求系统具有较好的可维护性，例如，可以由用户很方便地对该系统的电子词典进行扩充和修改，按实际需要随时补充必要的知识；删去有片面性的旧知识，从而使系统更加完善；另外还可以进行人机互校，方便改正标注错误等①。

二、语义词类的标注困难

由计算机对真实文本中的每个词赋予一个最适合上下文约束的语义词类标记称为“语义词类标注”。实际情况是在具体的上下文中，每个词的词类通常都是唯一的（孤立的词是有歧义的，很多兼类词有不同的属性）。在上下文中，有一些词的语义词类只有一个，这种情况比较好解决。但是一些常用的词大多有好几个语义词类，而且有时候在上下文中还时常以不同的词类出现，这时候确定词类对于具有知识背景的人类来说还较容易，但对于计算机来说，是很困难的事情。如果没有给它这方面的知识，就无法直接判断兼好几个词类的词到底是选哪一个词类。也就是说给出词类标记不是语义词类自动标注的难点，语义词类自动标注的真正难点是结合上下文的语言环境给出那些有兼类现象的词一个准确而合适的词类标记。所谓兼类词，就是指含有多个语义词类的词。理论上是指有些词具有两类或两类以上的词的语义分类特征，这些词属于不同的词类，简称兼类。

三、系统开发步骤

1. 构建语义词类词典。
2. 分析知网概念描述与语义词类的关系。
3. 设计自动标注模型及算法，开发语义词类标注软件。

① 贺胜. 面向现代汉语文本处理的全文检索、自动分词通用系统[D]. 南京师范大学，2006年.

4. 遵照初步制订的《深度语义标注语料库——语义词类标注规范》，对一部分语料进行试验性标注，并以语义词类标注规范为基准，不断改进语义词类标注工具软件。

5. 待语义词类自动标注精度达到设计目标后，开始用机器自动标注。将机器标注的结果分发给大家校对。

6. 及时回收、整理机器标注与人工校对的结果，发现问题，反馈到软件中，不断增加软件功能，改进软件性能。

7. 当用改进后的软件加工新的语料时，效果更好。人工校对的相对工作量逐步减少，这一步是提高效率的关键。

8. 自动标注精度达到设计要求后，然后才开始大规模语料加工的工程实施。标注工作完全由机器去做，人工主要负责校对工作。

第二节　语义词类词典的构建

电子词典在中文信息处理中起着基础知识库的重要作用。对于语义词类自动标注来说，一方面需要建立一个合理的词类系统并确定词类划分的标准，并在此基础上建立相应的词类标记集和加工标注规范；另一方面还需要有一部用上述标记集标注了词类信息的机器词典，把不同的词类划分应用到具体的词汇之中。显然，前者依赖于语言学理论和方法的支撑，后者则可利用计算机的辅助。

在语义词类标注系统中电子词典是系统的一个基本组成部分，也是影响系统性能的重要因素之一。系统所需的各类信息（知识）都要从词典中获取。它主要包括两方面的内容：一是词典的内容，即词典中收录哪些词。它对标注精度有着很大的影响。一个好的词典要具备通用性好、覆盖率高的优点。二是词典的组织形式。它对系统的速度有着很大的影响。系统在进行标注时需要频繁地查询词典，词典的查询速度直接影响到标注系统的速度。因此如何有效地对电子词典进行快速查询将直接影响系统的整体性能。

一、词典构建方式

目前对于词典的建设，主要有下面几种方法。

1. 人工总结语义语法知识，将词条知识描述记录下来建立词典。

2. 依据现有的印刷版的词典，先转换成机器版，然后再提取所有词汇中有用的信息来建立词典。

3. 对大规模的真实语料进行统计，运用概率统计方法或者语言模型来分析得出词条信息。

将上面三种方法比较分析得出，第一种方法需要大量的人力，耗资巨大、效率低，另外也不一定能够描述完善；第二种方法虽然看上去简便，但人工录入或扫描识别也费时费力，完了还需要人工校对；第三种方法运用大规模语料库能够反映出词之间的紧密度，统计分析出的词汇具有客观性和真实性。

本文根据实际条件，选择使用了第三种构造词典的方法，在已分词和词性标注的中小学语文语料及已标注语义词类的训练语料的基础上，构建了核心词典 dictcore 和 bigram 二元模型词典。核心词典保存的是词汇概率矩阵，用来存储从语料库统计的词汇与该词出现的所有词类同现的概率。bigram 二元模型词典，即词类转移概率矩阵，用来存储从语料库统计的相邻两个词类标记同时出现的概率。

具体的方法是：先将所有的中小学课本语料进行自动分词及词性标注，然后编制程序软件提取语料中的所有不同词型，排序后保存为电子词典。再根据编制的机器辅助词典程序软件对词典中的每个词标注相应的语义词类。在标注词的语义词类时，机器辅助词典程序可自动从语料文本中提取该词的所有上下文句子，便于操作者判别该词在当前语料中不同语义词类并进行校正。

正是基于上述方便好用和机器辅助的理念，我们设计并编程实现了语义词类词典的机器辅助平台。本平台不仅可以实现对各个具体词的词类标注，还能将结果存储起来，通过人机结合共同对结果进行维护，最后可以建成一个集词性、语义词类、词语用法于一身的信息较为齐全的机器词典，从而为自然语言处理的词类标注研究和工程实践提供可靠而充分的资源。这种思路可以说是体现了计算语言学用计算机方法为语言研究提供辅助的学科特色。

二、本系统词典的结构

1. 中文字的编码体系

中文字的准确数目目前尚未完全弄清，一种说法是中文字大概有 10 万个，其实常用汉字则只有几千个。考虑到我们语料主要来自中小学语文课本，因此决定采用 GB2312-80 标准码表。该字库共收录汉字 6763 个（一级汉字 3755 个，二级汉字 3008 个）。

2. 中文词的一些特点

中文词是一个开放集。由于社会的发展变化，不断有新词产生，中文词的数目在不断增加。我们发现，不同字开头的词数目变化很大，多的可达数百个（如“打”“大”“花”等），少的可能只有一个（如“耄”）或者没有；词长的变化也很大，有单字成词的，也有多达 17 个字成词的。这就要求我们在设计词典的数据结构时。除了考虑访问效率外，还必须充分考虑存储利用率。

3. 数据结构的设计

考虑到中文字的编码体系和中文词的上述特点，我们为系统词典设计了如下数据结构。

1）首字散列表

词首字散列函数根据汉字的国标区位码给出。通过一次哈希运算即可直接定位汉字在首字散列表中的位置。

散列函数公式为：CC_ID（c1，c2）=（c1-176）*94+（c2-161）

首字散列表的每个单元包括以下两项内容。

1）入口项个数（4 字节）：以该字为首字的词的数量。

2)入口项指针(4字节)：即指向第一入口项在词索引表中的位置地址。

2）词索引表

针对每个词的信息长度不一（词长及附属于该词的各类信息），我们选择不定长存储机制。另外为了在处理时能对词典内容随机访问和提高访问效率，我们建立了词索引表。词索引表的一个单元仅含一项内容：词典正文指针（4 字节），指向词在词典正文中的位置地址。

3）词典正文

以词为单位的有序表。词典正文包括词、词类、词频、示例等数据。通过词索表和词典正文的配合，很容易实现指定词在词典正文中的快速查找。

最终实现的电子词表数据结构支持词首 Hash 和逐字二分查找算法，不但算法简便，而且还具有较高的访问效率，在中文信息处理的多个领域，都有重要的应用前景。虽然目前我们支持的字符集是简体中文 GB2312-80，对于其他大字符集，只要其汉字的编码是有序的，词首 Hash 的思想都是有效的，充其量是改变 Hash 方法而已，因此本文这种方法具有较强的简便性和实用性。

三、语义词类词典制作工具的功能

根据制作语义词类词典的需要，为了提高人工制作词典的效率，我们开发了语义词类词典制作工具，在词典工具的辅助下，我们较快地完成了语义词类词典的制作任务。对从“九年制语文课本语料”中提取的 43 180 个词条标注了词性、语义词类和其频度信息，为语义词类自动标注提供了知识支撑。该词典制作工具具有如下功能。

1. 可任选相关语料和词典进行加载。

2. 可对输入的词条在语料库中查找所有出现的相关例句。

3. 可对词典中的词条进行编辑修改、插入、删除、移位等操作。

4. 可对多个词典进行合并、去重操作。

5. 可对词典内容进行自动排序操作。

6. 可方便地对词条的词类、例句等内容进行选择输入，减少手工输入的错误。

7. 该词典具有一定的通用性，可稍做修改用于不用用途的词典制作。

软件平台界面及操作使用如下图所示：

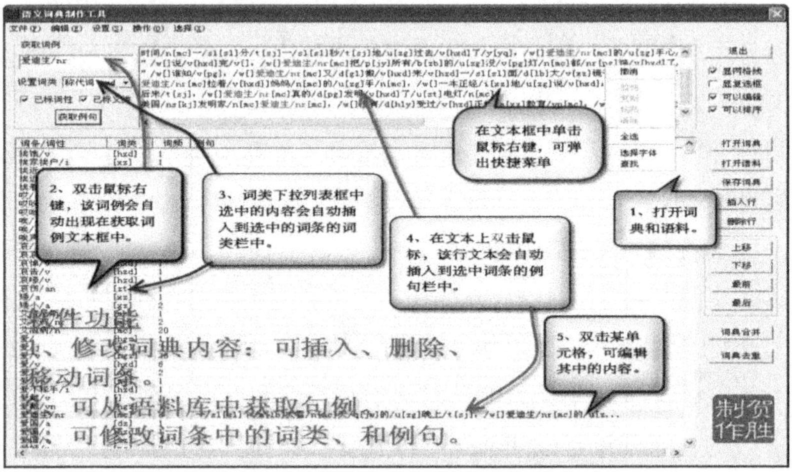

图 4.1

第三节　语义词类自动标注的算法模型及处理方式

当进行语义词类自动标注的时候，序列中每一个单词都被指派一个词类的标记，也就是把每一个单词归入一定的词类标记的类别，这实际上就是一个序列分类问题。因此，可把语义词类自动标注看成是一个序列词类分类的问题。如果把语言看成是由不同表示层面上的序列构成的话，那么，在很多地方都会遇到这样类似的序列分类问题。在中文信息处理中，除了自动词类标注之外，还可使用序列分类模型来进行语音识别、分词、语块分析、命名实体识别和信息抽取等。

如果把这些序列分类的算法在理论上加以提炼和总结，就会发现这些形形色色的序列标注问题几乎都可以使用隐马尔可夫模型来解决[①]。隐马尔可夫模型是一种非常重要的计算语言学的形式模型，几乎成为词类自动标注系统的标准模型和算法。实际上，一个基于统计的词类标注系统性能的好坏主要取决于它是否有适合所处理语种的统计语言学模型、一个基于该模型的有效算法和一个平衡的规模适中的训练语料。在模型和训练语料一定时，有效的算法能更好地发挥语言学模型的潜能。

一、语言统计模型

语言统计模型是使用数学方法对自然语言现象的规律进行描述而产生的模型。目的是建立一个能够描述给定词序列在语言中的出现的概率的分布。构造语言模型则是计算语言学的核心。基于统计的方法，其优势在于它的全部知识是通过对语料库的训练得到的，因此可以获得较好的一致性和很高的覆盖率。目前这种方法在自然语言处理中占主导地位。基于统计的方法主要利用相邻语义词类标记之间的同现概率及语言模型，来实现语义词类标注。统计的方法可以避免规则方法的许多缺陷。例如，它利用的知识主要是统计数据，这些数据可以从语料库中利用有指导或无指导的学习方法得到，从而避免了人工获取规则的繁琐过程。同时，机器获取的知识具有客观性好、一致性强等特点。例如，在处理未登录词和不规范句子的能力方面比基于规则的方法有较大的提高。常用的标注模型有 N 元模型、隐马尔可夫模型、最大熵模型、基于缓存的模型、基于触发的模型、基于决策树的模型等。

隐马尔可夫模型（Hidden Markovmodel；HMM）是应用较广、效果较好的模型之一。隐马尔可夫模型是经典的描述随机过程的统计方法，它用来描述一个含有隐含未知参数的马尔可夫过程，在自然语言处理中得到了广泛的应用。它是一种特殊的马尔可夫模型。它与一般的马尔可夫模型的

① 冯志伟．自然语言处理的形式模型［M］．合肥：中国科学技术大学出版社，2010.

最大区别在于它的状态不能直接观察到，但能通过观测向量序列观察到，每个观测向量都是通过某些概率密度分布表现为各种状态，每一个观测向量是由一个具有相应概率密度分布的状态序列产生。因此，这两种模型的模型参数的训练方式是不同的。马尔可夫模型可以通过对一个训练语料库进行统计，而获取模型参数，而隐马尔可夫模型则通过最大期望算法训练模型参数，该模型参数训练远比马尔可夫模型复杂。目前，隐马尔可夫模型及其各种改进形式在自然语言处理诸多领域已取得了许多的成果，成为基于统计的自然语言处理的重要方法，是 20 世纪统计自然语言处理领域的重要成果之一。

隐马尔可夫模型可以用五个元素来描述，包括两个状态集合和三个概率矩阵：隐马尔可夫模型是由有限个状态组成的，每一个状态都以一定的概率出现，状态之间的转换由转换概率表决定，每一个状态都可以产生一个观察到的状态，在隐马尔可夫模型中，只有观察到的状态所见，真实的马尔可夫状态链不可见。隐马尔可夫模型含有两个随机过程，一个潜在的随机过程，它是不可观察的（隐含），但是它能通过另一个产生可观察随机过程序列进行观察。在语义词类标注应用中，隐马尔可夫模型中的观察对应词、观察序列对应待标注的句子，是系统的输入；隐藏状态对应词类、隐藏状态序列对应词类序列，是系统的输出结果。隐马尔可夫模型的特点：系统在某一时刻的状态只依赖于前一个时刻的状态。模型仅根据词的词类信息决定下一个词的词类，而不会对属于同一个词类的不同的词加以区别对待。这在一定程度上影响了模型的精确性。

二、标注算法

利用统计方法进行词类标注最简单的算法就是为每个词标注上其在训练语料中出现频率最高的词类，即词类标注与词语所处的上下文无关。在英语的词性标注中，利用这种统计的方法，正确率可以达到 90% 以上，其原因是由于大多数英语词汇并不存在标注歧义。而在汉语中词语的兼类现象是比较普遍存在的，因此这种简单的统计方法在汉语的词类标注中就不大适用了。为此，在进行词类标注时，我们必须考虑词语所处的上下文。

三、基于知网概念定义的未登录词处理

未登录词处理是困扰基于统计标注方法的最主要问题之一。系统进行开放测试时，肯定会遇到许多未登录词现象，因此对未登录词的处理就成为标注能否成功的关键之一。

在知网（HowNet）中有两个重要关键词，即概念和义原，理解这两个关键词是利用知网进行语言处理的基础。概念是对词汇语义的一种描述，每一个词可以表达为一个或几个概念，类似于词典中词语的义项。概念描述中最核心的部分就是“DEF=”后面的概念定义部分，它是用一种知识数据描述语言来描述（Knowledge Database Mark-up Language，KDML）的，这种语言所用的“词汇”称为义原。义原是基本的、不易于再分割的、没有歧义的最小意义单位。知网的设计者认为，义原是一个有限的集合，通过知网的知识表示规则对义原进行不同组合可以产生一个无限的概念集合，就像通过不同的词汇组合可以产生无限丰富的句子一样。知网的义原并不是靠人主观臆想出来的，而是经过对大约6000个汉字进行细致考察和分析来提取的，再经过合并归类，作为标注集去标注等步骤不断完善的。

语义语法学中的语义词类是根据语义特征进行分类的，是基于语义的分类。因此我们可以试图找出语义词类与知网概念之间存在的对应形式，来为未登录词进行词类标注。例如，我们分析发现知网概念中以{thing|万物}或其下位义原为第一义原的所有概念对应的语义词类是名称词mc；以{space|空间}或其下位义原为第一义原的所有概念对应语义词类空间词kj等。那么我们可以根据未登录词到知网概念中查找对应的概念定义，进行语义词类的选配。经分析发现，语义词类系统和知网概念系统存在的对应

关系主要体现在指称类－实体类、陈述类－事件类两个方面。表 4.1 和表 4.2 分别是经分析整理后的得到的对应关系表。

1. 指称类－实体类对应关系表

表 4.1

语义词类	相对应的知网概念
名称词 mc	以 {thing| 万物 } 或其下位义原为第一义原的所有概念
* 称代词 cd	以 {PersonPro| 人称 } 为次要特征的所有概念
空间词 kj	以 {space| 空间 } 或其下位义原为第一义原的所有概念
时间词 sj	以 {time| 时间 } 为第一义原的所有概念

注：表 4.1 中带 * 的称代词并非对应知网中的实体类概念，而是对应以 {PersonPro\| 人称 } 为次要特征的所有概念。

2. 陈述类－事件类对应关系关系表

表 4.2

语义词类	相对应的知网概念
自动词 hzd	以 {act| 行动 } 或其下位义原为第一义原的所有概念
协动词 hxd	
言语词 hyy	以 {MakeSound| 发声 } 或其下位义原为第一义原的所有概念
祈使词 hqs	以 {MakeAct| 使之动 } 或其下位义原为第一义原的所有概念
加入词 hjr	以 {become| 成为 }、{include| 纳入 }、{engage| 从事 } 为第一义原的所有概念
担任词 hdr	以 {undertake| 担任 } 为第一义原的所有概念
感知词 hgz	以 {StateMental| 精神状态 } 或其下位义原为第一义原的所有概念
遭遇词 hzy	以 {suffer| 遭受 }、{SufferFrom| 罹患 }、{HungryThirsty| 饥渴 } 为第一义原的所有概念
致使词 hzs	以 {CauseToDo| 使动 }、{order| 命令 }、{Resultin| 导致 } 为第一义原的所有概念
存现词 hcx	以 {ExistAppear| 存现 } 或其下位义原为第一义原的所有概念
变化词 hbh	以 {change| 变 } 或其下位义原为第一义原的所有概念以及以 {become| 成为 } 为第一义原的所有概念
领有词 hly	以 {possession| 领属关系 } 或其下位义原为第一义原的所有概念
显示词 hxs	以 {become| 成为 } 为第一义原的所有概念
判断词 hpd	以 {be| 是 } 为第一义原的所有概念
比喻词 hby	以 {Besimilar| 相像 } 为第一义原的所有概念

语义词类中的描述类与知网中的属性值类有一定对应，主要体现在描

述类中的性质词与属性值类概念相对应，但由于这种对应描述太过宽泛，无法实际运用到词类消歧中去，所以在此就不做详细说明。

另外，对于没有在知网出现的其他未登录词，我们不知道其词汇发射概率，导致计算无法进行下去。因此对于此类未登录词的词类问题，我们可以把它转化为确定新词的词汇发射概率的问题。在实际处理时，我们首先对未登录词的语义词类进行推断，这种推断主要利用了前后词的语义词类信息。先假设此未登录词可以取所有的语义词类标记，然后从中选择与前接词类及后接词类共现概率最大的两个词类作为此未登录词的语义词类标记串。这样就把未登录词现象转化为对多类词的处理问题了。

四、数据稀疏问题的处理

语言是千变万化的，有限的训练文本不可能完全描述出无限多的语言，许多合理的语言搭配现象可能没有出现在训练文本中，这就使得无论什么样的语料都存在着一定的局限性和片面性，致使一些词或词类出现的概率为零或者是一个极小概率，这种情况被称为数据稀疏现象或零概率问题。为解决数据稀疏带来的问题，一个很自然想到的方法是扩大语料库的规模，而语料库的建设代价高，并依据 Zip 统计定律可以知道，扩大语料库对数据稀疏问题的解决是有限的。对于一些大量的低频词来说，无论训练语料的规模如何扩大，内容如何丰富，其出现的频度依然会很低或根本不出现。因此，旨在通过单纯的扩大训练文本的规模来解决数据稀疏问题所能起到的作用还是十分有限的。这就出现了参数平滑技术，它能够将此问题进行一定的解决。参数平滑是在训练数据不足够充分的条件下，采用某种方式对统计结果和概率估计进行必要的调整和修补，以降低由于数据稀疏现象带来的统计误差。参数平滑算法一般分成两大类：一类是修改所有实际统计数据；另一类是修改部分实际统计数据。修改所有实际统计数据的平滑算法主要有：加法平滑、折扣参数平滑、Good-Turing 估计、线性插值平滑等。

目前，参数平滑技术一般采用最大似然估计的方法对参数模型的概率分布做进一步调整，以保证统计语言模型中每个概率参数均不为零，而且还能使模型中的概率分布更加合理。

本系统采用加法平滑技术对参数进行处理。加法平滑的基本思想可以简单地描述为：为了避免参数的零概率问题，将 N-gram 模型中每个 N 元对的出现次数加上一个常数 δ（$0 \leqslant \delta \leqslant 1$），这样 N-gram 模型参数就可以如下表示：

$$P_{add}(w_i|w_{i-n+1}^{i-1})=\frac{c(w_{i-n+1}^{i})+\delta}{\sum_{wi}c(w_{i-n+1}^{i})+\delta|V|}$$

这样就较好地解决了零概率这个问题。

第四节　技术实现及测试结果分析

一、系统的开发环境

本文所用的系统是在 Microsoft visual studio 2010 平台基于 C++ 程序设计语言开发的。Microsoft visual studio 2010 平台是面向对象的可视化集成编程系统。它具有程序框架自动生成、灵活方便的类管理、代码编写和界面设计集成交互操作、可开发多种程序等优点。C++ 是一个功能非常强大的开发工具，是一种面向对象的可视化的开发语言，它提供了很多能够被直接应用的控件，大大减轻了程序员的工作量，而且用它进行开发程序比起其他语言开发程序来，有更好的灵活性，更高重用性的代码，更健壮的程序及更好的开发效率。

二、技术实现

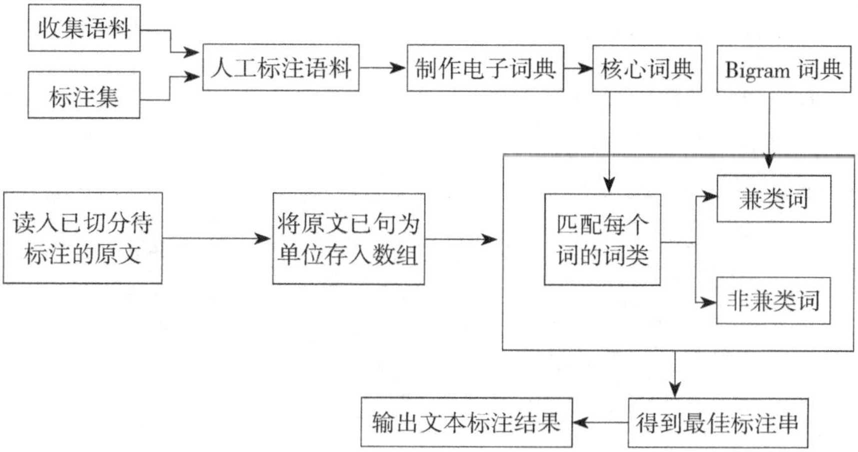

图 4.2

三、系统实现描述

本系统功能实现的步骤：对经过分词处理和人工标注了语义词类的语料进行训练统计，得到统计模型参数，然后对已切分的语料进行自动语义词类标注，即对兼类词进行排歧，选择最佳词类将标注结果输出。

根据上节算法模型及处理方式，我们实现了一个语义词类标注系统。其具体实现步骤如下。

1. 利用标注好的语料进行模型参数训练，得到词类转移概率参数和词汇概率参数，统计建立核心词典和 bigram 二元模型词典。

2. 输入已经切分好的语料文本，针对文本中的每一个句子生成一个结构体，在这个结构体再生成一个数组，记录每个词；然后以这个词为索引从核心词典和 bigram 模型词典中检索得到词汇概率参数和词类概率参数，然后利用 Viterbi 算法选择最优标记串，将最优词类标记放到当前词的词性标记序列。

3. 重复步骤（2）直到文本的结尾。

4. 对自动标注结果进行机器辅助校正。

四、软件功能及界面

该软件具有如下功能。

1. 可对打开的已分词文本进行自动语义词类标注。

2. 可对已标注文本进行人工辅助校正。

3. 可查找指定内容或将指定内容进行批量替换。

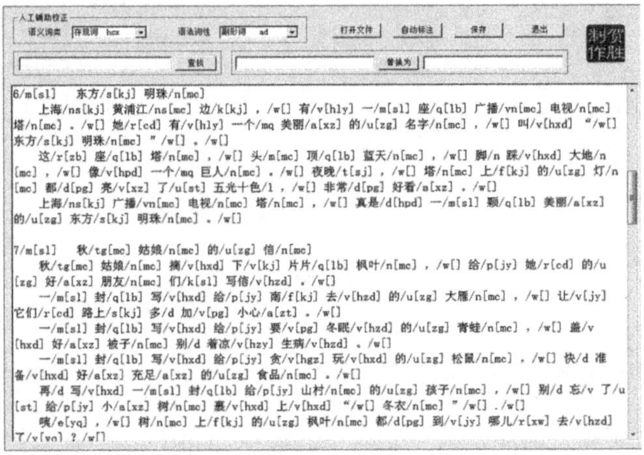

图 4.3

五、测试结果及分析

本文是对中文语义词类自动标注的一个探讨性研究，通过运用隐马尔可夫模型对中文文本实现了语义词类自动标注。本文的系统在实验时，对于未登录词以及人名、地名、机构名等容易标注错误的词没有做处理及排除。由于我们的语义词类自动标注系统是紧随语义词类标注语料库建设同步展开的，在人工标注语义词类的同时，我们就已开发出了自动标注的算法模型及工具软件，利用人工标注的语料进行机器学习，待自动标注达到一定精度后，就开始进行大规模的自动标注，将标注的结果交由人工校对，并针对校对中发现的标注错误，进行自动标注算法调整。随着得到的标注语料越多，可供计算学习的知识也就越多，自动标注的精度就逐步提高。

测试的评估函数我们使用下面的公式，其中 M 表示测试时标注正确的词的数量，N 用来测试的语料库中词的总数：

词类自动标注正确率 P=M/N*100%

训练及测试语料的选择

系统采用的训练语料为已标注完毕且经人工校对的完整的苏教版九年制语文课本语义词类标注库。封闭测试语料为从中随机挑选的 10 篇语文课文。开发测试语料是随机挑选的人民教育出版社出版的九年制语文课本中 10 篇语文课文。

表 4.3

	测试总词数	正确总词数	正确率
封闭测试	4534	4275	94.3%
开放测试	4739	4222	89.1%

最终的测试结果：本文基于 HMM 的中文语义词类自动标注封闭测试的正确率约为 94.3%，开放测试的正确率为 89.1%。开放测试的正确率不太高的原因主要是训练语料规模偏小，数据稀疏较严重。

第五章　深度语义标注库的句法语义范畴系统

随着语法学和语言信息处理研究的进一步深入，学者们意识到自然语言理解的研究也必须建立在语义理解的基础上。基于语言工程对语义分析的迫切需求，充分说明要使计算机具有人类的智能和分析能力，就必须进行深度的语义分析。语义角色作为深层语义分析的一个重要方面也取得了一定成果。句法语义范畴在以往的研究中主要被语义角色的相关研究所涵盖，事实上语义角色只是句法语义范畴的一个部分。全面的句法语义范畴体系构建在现有的研究中并不多见，我们所建的语法句义范畴系统是这方面研究的一个尝试。

第一节　句法语义研究现状

一、国外句法语义研究

现代语义学以结构语义学的兴起为标志，包括词汇研究和句义研究。前期仍以词汇语义研究为主，直到20世纪30年代初，德国学者特雷尔（J.Trier）提出了语义场理论，才开始涉足句法语义研究。与词汇语义学研究相对，对句法语义的研究可称为句法语义学，其基本单位称范畴，汉语学界称为语义角色，或称为语义成分，或称为格 / 语义格，与之相近的术语有题元、论元以及逻辑学中的谓词、主目，等等。这些术语尽管名称有所差异，但其本质都是表示句法结构中与核心动词相关的语义单位，所以，我们统称为句法语义范畴或者语义范畴。

句法研究的语义导入，打开了新的研究视角，促进了理论创新。1934 年，法国语言学家特斯尼耶尔（Lucien Tesniere）提出了从属关系语法，研究句子或短语的各组成部分之间的从属关系。1948 年，苏联语言学家 Kacnel'son 第一次提出"配价"这个术语，将词在句中以一定的方式出现以及与其他词组合的这种特性称之为句法配价。1949 年，荷兰语言学家格罗特（A.W.de.Groot）在《结构句法》一书中首次使用"价"的概念描写了句法体系。

进入 60 年代以后，机器翻译和自然语言理解领域研究的进展要求语言学家对句法关系意义做出确切的解释，这就给这方面的研究带来了动力。1963 年，美国语言学家卡茨（Katz）和福多（Fodor）把人类学家使用的语义成分分析法引入转换生成语法的研究中，创立了解释语义学。尽管对语义的解释仍然是为句法服务的，但已经属于句法语义的层面。之后莱考夫（Lakoff）和麦克莱（MaCawley）创立的生成语义学派认为语义是基础，句法表达来源于语义表达，语言中所有的句子都是从语义生成，再由转换规则和语音规则生成句子的表层结构。1964 年，丹尼斯（Danes）在《句法研究的三个层次》中提到了句法语义层上的五种语义类型，把语法句型和语义句型的相关关系称为复合句型，认为句子结构可以通过这种相关关系加以描写。在语义层上，限定动词的意义决定了参与者的数目和作用，因此研究一种语言的句型系统必须以研究动词的句法特征为基础。1965 年，格鲁伯（Gruber）在博士论文"句法与语义中的词汇结构"一文中提出了题元概念，这不仅关涉了动词的语义特征，也与论元的句法位置和实现方式密切相关。

从 1966 年开始，对生成语法学的反叛使得菲尔墨（Fillmore）在其一系列著作《关于现代的格理论》《格理论》以及《再论格的理论》中，提出了关于句子语义的理论，即格语法理论。他认为一个句子是由命题和情态组成，命题是由动词与语义格组成，试图对动词和名词成分之间的句法语义关系做出系统的描写并给出形式化的规则。菲尔墨提出语义格的初衷是因为主语、宾语是述语表层关系结构的句法概念，在深层结构中使用同样的术语不合适。“格”的提出对说明英语里配价的句法和语义十分有利，这是转换生成语法所不能回答的问题。但语义格数目不定、界定不清成为人们对此理论诟病的主要原因。为此，菲尔墨在格语法的基础上提出了框架语义学思想，强调语言和经验之间的连续性。按照菲尔墨的设想，为每一个词元构建起框架网络，就等于构建了一部适合句子理解和生成的义类词典和语义语法信息库，这对于自然语言的处理等领域的研究具有重要的意义。

20世纪70年代，法国的语言学家格罗斯（M.Gross）创立了词汇语法理论，目的是“在核心句的框架里运用分布和转换的方法精确地穷尽地标出词项的意义和用法。”[①] 格罗斯认为句法研究的科学性表现在构建或发现可接受性句子的组配规则，词汇语法主张句本位，将句子作为语言研究的基本单位，而句与非句的判定有赖于语言学家们的直觉。词汇－语法理论的成果也在电子词典、语言教学、自然语言处理等方面有一定的应用。

英国语言学家韩礼德（Halliday）在《语言功能探索》（1973）、《语言的系统和功能》（1976）、《作为社会符号的语言》（1978）提出了他的及物性理论，为描写英语动词和名词性成分之间的句法关系意义提供了一个比较系统的框架。1985年，他写了《功能语法引论》。这是以系统语法为框架来讲语言功能的，重点在讲结构。其主旨是进行篇章分析，以便帮助人们了解：1. 某一篇章有什么意义，为什么要那样表达意义。2. 这个表达法是否有效，是否达到了原定目标。

---

① 郑定欧. 运用“词汇－语法”的方法处理汉英双语学习词典多义动词的翻译. 辞书研究. 2009（03）.

1974年，俄罗斯现代语义学的代表人物阿普列相提出“语义配价”思想，他认为配价是一种语义现象，是把句法上相关的一些词与这个词结合起来的配价，并列举了主体、对方、中介、来源、处所等25种语义配价类型。1975年，法国语言学家M.Gross强调句法配价形式，采用矩阵表的形式分析了动词各式各样的配价特征。

20世纪70年代后，德国的语言学家在从属关系语法基础上建立了配价语法理论和方法，形成了“逻辑－语义－句法－语用”的四级配价体系。代表人物有：赫尔比希（Helbig）、申克尔（Engel）、邦茨欧（Bondzio）等。配价语法的基本单位是词，认为动词是句子的核心，它支配其他的词而不受其他词的支配，动词的价数仅仅着眼于动元。与从属关系语法不同的是配价语法认为除动词之外名词、形容词也具有配价性质。有关配价语法的主要论著有《德国动词配价和分布词典》（1969）、《德国形容词配价和分布词典》（1974）、《德国语法》（1984）、《德语名词配价和分布词典》（1997）等。对配价性质的不同认识使得配价语法内部也存在一定的分歧。主要观点有语义范畴论、句法范畴论、句法－语义范畴论等。

在20世纪80年代，乔姆斯基（Chomsky）接受了菲尔墨（Fillmore）等人的建议，在语言结构的解释中加入了语义的因素。他提出了格理论和题元理论，将两者配合使用，来对移位进行限制和解释。他的题元理论的提出其实是为了解决移位中遇到的问题。论元由动词指派某种语义关系后成为论旨角色（语义角色），通过语法手段实现论元的语法化，成为某种句子成分。语义角色就是用来标记句子中的动作参与者在情景中所起的作用。主要的语义角色有施事（agent）、受事（patient）、工具（instrument）、处所（location）等。例如：我在阳台上看风景。句中的实体成分“我”“风景”，分别是施事和受事，“阳台上”是处所。

之后几乎多数的现代语法理论都在语法模型的建立中明确了语义的地位，例如：蒙塔古语法、言语行为理论、系统功能语法、认知语义学等。这些从不同角度和层面探索句子语义的理论极大地丰富了语义理论的体系。

二、汉语句法语义研究

汉语是典型的语义型语言，尽管汉语语法体系的创立是建立在对西方语法体系模仿的基础上，但回顾历史可以看到语义始终是汉语研究不可回避的重要内容。从1898年马建忠的《马氏文通》凭借概念意义划分词类开始，到今天各种语义理论的建立，都在不同程度上沿袭了语义的研究方法。汉语语法研究越来越凸显出语义在描写、分析、解释语言现象上的优越性。

1898年，马建忠在《马氏文通》一书中分析了起词、语词、止词、表词、司词等语义成分，相当于西方语言学中语义格。1942年，吕叔湘在《中国文法要略》中提出了汉语句法语义研究的补词说，归纳出起词、止词、受词、关切补词、交与补词等十二类。之后又提出在确定主语和宾语的标准时以名词性成分的句法位置和语义角色为线索；在《汉语语法分析问题》(1979)中又进一步讨论了与动词关联多种语义关系的名词性成分的句法安排。可以看出，“补词说”就已经暗含了句法语义学的析句理念。1943年，王力在《现代汉语语法》中明确说“实词的分类当以概念的种类为依据，虚词的分类当以其在句中的职务为依据”。其实词语的搭配归根结底是由语义决定的，所谓的“功能”也是以意义为标准的。1958年，胡明扬在《语言存在的客观性》中提出将汉语语法形式分为显性语法形式和隐性语法形式，并提出语义语法范畴指的是隐性语法形式和相应的语法意义构成的语法范畴。1961年，丁声树在《现代汉语语法讲话》一书中提出从语义上划分施事、受事、处所、存在物、数量、工具等/又种宾语成分。1968年，赵元任在《汉语口语语法》中将现代汉语动词划分为及物动词和不及物动词，及物动词又分“是”类、“有”类、“姓”类、助动词等小类。

20世纪70年代以来，汉语的句法语义研究得到进一步深入发展，各家学者从不同的研究角度构建了句法语义系统。具体的研究历程大体可以九十年代为边界点，划分前后两个阶段。20世纪70年代到80年代为汉语句法语义研究的第一阶段，此阶段的句法研究主要是受西方格语法影响。90年代以后为第二阶段，此时汉语句法语义范畴研究是基于格与配价理论结合的前提下展开的。

朱德熙在《"的"字结构和判断句》（1978）中，所说的引起"DJ的"歧义的动词的向，实际上就相当于动词的价。这篇论文可以说是中国配价语法研究的奠基石。以此开始，配价语法逐渐成为汉语语法研究中的热点之一。此后，朱德熙进一步区分了句子中各成分的显性语法关系和隐性语法关系，所谓隐性的语法关系就是指"施事""受事""工具"等语义角色。

1987年，胡明扬在《试论语法形式和语法意义》中提出了"语义语法范畴"概念，即语义特征和分布特征相结合的统一体。他认为汉语是非形态性的，但有"隐性语法形式"，决定词语组合可能性的是意义，"任何一旦和一定的语法形式相结合就是语法特征"。之后在《句法语义范畴的若干理论问题》（1991）中谈到"句法语义范畴不应该过于具体""句法语义范畴必须和一定的句法形式相结合"两个原则，以及句法语义范畴的范围等问题。

进入20世纪90年代以后，西方的语义格理论与配价语法理论逐步融合，国内诸多学者在此基础上构建了多层次的汉语句法语义范畴系统。

陆俭明（1980）提出语法结构关系和语义结构关系，认为动作和动作者、动作和受动者属于语义结构关系，说明语法结构关系和语义结构关系是两种性质不同的关系，在汉语中二者也不是一一对应的。在《现代汉语句法论》（1993）中提醒汉语语法研究要尽量做到形式和意义的结合。此后，陆俭明运用语义特征分析法和语义指向分析法就汉语的歧义进行了解释探索。《现代汉语配价语法研究》的序言（1995、1998）中进一步讨论了形容词和名词的配价问题，说明了论元与动词的依存关系既有句法也有语义。

马庆株在上世纪90年代末创立了语义功能语法理论。其语义功能语法以语义为基础，以分布、变换等形式特征为标准；以语义语法范畴为中心，以词和词组为基本单位；以分类为重点，注意词、词组等语言单位组合的有序性；形式与意义相结合，共性与个性并重，归纳与演绎并举，全方位、多角度地描写和解释语法聚合和语法组合。在《自主动词和非自主动词》（1988）一文中，区分了汉语动词的自主和非自主范畴。之后又有《数词、量词的语义成分和数量结构的语法功能》（1990）、《顺序义对体词语法功能的影响》（1991）、《汉语动词和动词性结构》（1992）、《结构、语义、表达研究琐议——从相对义、绝对义谈起》（1998）等；出版了专著《汉语语义语法范畴问题》（1998）、《语义功能语言学视野下的汉语研究》（2012）。

徐通锵立足于汉语的特点和研究传统，提出了“字本位”语法思想。认为“字”才是中国人心目中的中心主题，才是汉语社团中具有心理现实性的基本结构单位，并以“字”为基础建立了新的汉语语言理论。徐通锵先生的“字本位”思想早在1991年发表的《句法语义刍议》中就有所体现，但正式提出是在1994年。这一年发表了《“字”和汉语的句法结构》和《“字”和汉语研究的方法论》两篇重要论文，明确提出了“字本位”思想。此后，徐先生又反复论证“字”在汉语研究中的核心地位，阐述“字”是汉语研究的本位的观点。汉语语法是句法语义，其生成总规则（编码基础）是临摹性原则。认为如果说印欧语的语法结构的特点是“形合”，词与词之间的关系有明确的形态变化的标记，那么汉语语法的特点就是“意合”，只要字义之间的组配有现实的根据，符合社会习惯的要求，就可以组合起来造句。正因为汉语组字造句是意合类型的，所以把汉语语法叫作语义语法或者句法语义，以区别于印欧语的形态语法。

邵敬敏在《副词在句法结构中的语义指向》（1990）提出了副词研究的“指”“项”“联”概念。这对分化因副词引起的歧义句很有帮助，也深化了汉语语义指向的研究。《量词的语义分析及其与名词的双向选择》（1993）中把名量词与名词的语义制约与反制约的角度说明二者存在的双向选择关系；《动量词的语义分析及其与动词的选择关系》（1996）又论及了动词与动量词的选择关系。《“语义价”“句法向”及其相互关系》（1996）分析了语义平面和句法平面的句法向及其相互关系；《从“才”看语义与句法的相互制约关系》（1997）一文探索了副词“才”的义项，归纳了基本和派生的语法意义。《“语义语法”说略》（2004）论述了语义语法的理论背景、形成、内涵以及研究方法，提出了句法语义选择性原则的三个子原则分别是：语义的一致性原则、语义的自足性原则和语义的决定性原则；之后还有《语义特征的界定和提取方法》（2005）等；认为“语义范畴从本质上讲就是，从语义意义角度归纳出来的语法范畴”。事实上邵敬敏的“语义语法”是以语法意义为研究出发点和重点的语法理论。不是单纯的语义研究，也不是语义加上语法的研究。

袁毓林《现代汉语名词的配价研究》（1992）论述了有关二价名词的语义结构，揭示了二价名词支配其从属名词的语义基础；《一价名词的认知研究》（1994）将汉语名词分为无价名词和有价名词两类；讨论了一价名词的缺省和语义激活的微观机制。除此之外，还构建了论元的语义角色体系。在《论元角色的层级关系和语义特征》（2002）一文中阐述了语义角色的标注方法；解决语义角色模糊性的问题以及语义角色的数量、鉴别等问题；同时就引入语义角色层级系统、处理特殊句式中个别动词添加的新论元等。主张借鉴原型理论来解决语义角色模糊性的问题，从而解决难以用形式化的标记界定语义角色的问题。袁毓林（2003）认为“论旨角色是根据不同的论元跟动词的语义关系而划分出来的，或者说是根据论元在由动词及其论元构成的述谓结构中的语义作用而确立的”。①

陈昌来在借鉴西方语法理论的基础上继承汉语语法的三个平面理论，同时结合配价语法和认知语法，从动元和状元的句法语义特征、动词小类的句法语义特征、汉语句子的基干动核结构等汉语句子语义的研究进行了深入的分析。主要的论文有《现代汉语不及物动词的配价考查》（1998）、《现代汉语动词的类和基干动核结构》（2000）、《论汉语句子的语义结构》（2000）、《论汉语句子语义结构中的受事》（2000）、《论现代汉语的致使结构》（2001）、《论成事及相关动词》（2002）、《特殊汉语动词的句法语义属性研究与对外汉语教学》（2005）；专著有《现代汉语句子》（2000）、《现代汉语动词的句法语义属性研究》（2002）、《现代汉语语义平面问题研究》（2003）等。

① 袁毓林．一套汉语动词论元角色的语法指标．世界汉语教学．2003（3）．

李葆嘉提出了语言语法学思想，发表了系列论文和专著。在《语义语法学理论和元语言系统研究》（2003）和《语义语法学导论——基于汉语个性和语言共性的建构》（2007）中从对20世纪中国转型语法学的理性反思和语言信息处理中语形研究的困境的思考中提出面向信息处理的语义语法理论，指出“人类语言的本质共性是建立在象似性感受的认知模式中、以语音为传输手段的语义性，其他所有属性都是语义性的派生”[①]。在《试论词汇系统的语义性本质》（2007）一文中从词汇系统的论争及其症结、词汇系统与概念系统的关系、词汇语义特征的本质属性三个方面论述了语义性才是词汇系统的本质。《语义语法学导论——基于汉语个性和语言共性的建构》一书中阐明了语义语法学的理论和研究方法。李葆嘉的语义语法不同于马庆株“语义 + 语法”的模式，也不同于邵敬敏的“双向语法”。

除此之外，对句法语义的研究还有：鲁川《现代汉语的语义网络》（1995）；范晓《句模、句型和句类》（1995）；范晓、朱晓亚《三价动作动词形成的基干句模》（1998）；范继淹《句法语义浅谈——第一讲：句法结构和语义结构》《句法语义浅谈——第三讲：语义的决定性和句法的强制性》（1981）；詹卫东在《确立语义范畴的原则及语义范畴的相对性》（2001）中提出确立语义范畴应以目标驱动、语义范畴设置以形式上可观察的依据为准则和语义范畴尽量可以形式化作为三个原则，有论文《论元结构与句式变换》（2004）等。

此外，基于语形语法和自然语言处理之间的矛盾，促使信息处理学界的研究者们也越来越重视语义在语法研究中的地位。例如，基于概念层次的网络理论（黄曾阳，1997）、基于语料库的句模归纳研究（亢世勇，2004）、基于槽关系的句法语义研究，另外还有以鲁川、林杏光为代表的基于格关系的句法语义研究等。

---

① 李葆嘉等.语义语法学导论——基于汉语个性和语言共性的建构，北京：中华书局，2007年，第290页。

第二节　语义语法学的句法语义范畴体系

句法语义范畴在以往的研究中主要被语义角色的相关研究所涵盖，事实上语义角色只是句法语义范畴的一个部分。全面的句法语义范畴体系构建在现有的研究中并不多见。深度语义标注语料库的深度语义分析是基于“词汇语义－句法语义”一体化的研究思路。深度语义标注语料库的句法语义范畴的划分是建立在语义词类划分的基础上的，语义词类和句法语义的分析两者之间是相辅相成的。句法语义范畴的划分的根本目的是将基于日常感知的句法语义范畴体系应用到语义网络的建构中。

语义语法学观点认为，语义网络建立在认知符号的实体范畴化（语义词类）和实体关联化（句法语义）基础之上。语义网络的基本单位是包含若干义征的词元（义位），词汇义征是语义网络中的最小颗粒度，词元（义位）聚合成语义次场，语义次场相当于语义次类，次场聚合成语义子场，语义子场相当于语义类，词元或者次场、子场之间的组合机制在于其义征缠绕。语义子场的成员因为具有相同的句法语义成分组合为句法语义范畴，从而组成语义句模。句法语义范畴作为与词汇语义相对应的句法语义的一部分，一方面对语义词类的划分起制约的作用，使语义词类的划分摆脱盲目性，另一方面也是全面构建现代汉语句模系统的前提和关键所在。

语义语法学对于句法语义范畴划分的原则包含层级性、基于话语结构、基于日常感知和体现特殊动核的原则。其句法语义范畴最高层级的分类划分是从人类话语结构入手。以话语结构为基础建立的体系不同于以往研究的特点还在于范畴体系的划分力争做到日常化而非学科化，同时体现出特殊动核特点。

语义语法学认为，话语包括命题范畴、情态范畴以及功能范畴。即：

话语＝命题范畴＋情态范畴＋功能范畴

命题范畴＝角色范畴＋结核范畴

情态范畴包括时体范畴和评估范畴。功能范畴是指由感叹词、语气词、口气、语调等话语功能标记。命题范畴则由角色范畴和结核范畴组成，分为陈述类、指称类和修饰类。角色范畴包括基本角色范畴和附加角色范畴。

语义语法学的句法语义范畴体系将句法语义框架分为陈述结构框架和指称结构框架两个大类。陈述结构框架以陈述词（相当传统的谓词）为核心，指称结构框架以名词（或名词性词语）为核心。

句法语义范畴由结核范畴、角色范畴、情态范畴、语气范畴、关联范畴、独语范畴组成。句法语义的主干由结核范畴和角色范畴组成；一个简单语句由句法语义主干和情态范畴、语气范畴组成；同理，一个复杂语句由两个及两个以上的简单语句和关联范畴组成。

句法语义范畴 = 结核范畴 + 角色范畴 + 情态范畴（体时 + 评估）+ 语气范畴 + 关联范畴。

角色范畴 = 基本角色范畴 + 附加角色范畴

情态范畴 = 时体范畴 + 评估范畴

句法语义主干 =【结核范畴】+［角色范畴］

简单语句 = 句法语义主干 +（情态范畴）+｛语气范畴｝

复杂语句 = 简单语句 1+〈关联范畴〉+ 简单语句 2

另外还有独语范畴。

句法语义范畴系统的层次结构如下图 5.1 所示：

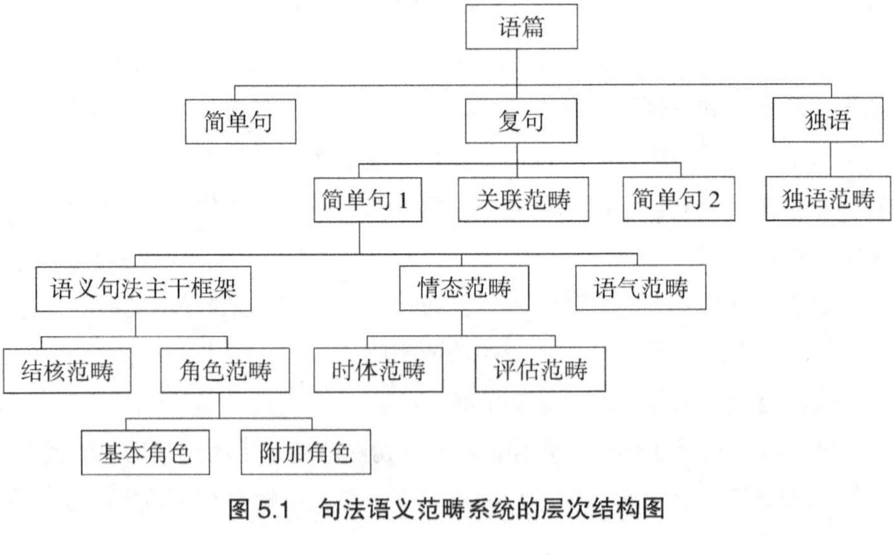

图 5.1　句法语义范畴系统的层次结构图

第三节 句法语义范畴体系中的陈述结构框架

句法语义范畴的建立目的是为了描述动核语义和句法语义的关系。陈述结构框架是以动核及其所联系的语义角色组成的句法语义范畴。在这类结构中动核是核心，其他的语义角色依附于动核。与动核结合较为紧密的语义角色称为基本角色范畴；与动核结合较为疏远的语义角色称为附加角色范畴。陈述结构框架在动核语义的基础上划分动核大类，结合动核与语义角色的配合关系进一步划分为 19 个陈述结核范畴。

一、陈述结核范畴体系

陈述结核范畴包括 8 大类 19 个结核范畴：

1. 施动类

施动类包括自动核（HZD）、协动核（HXD）、施言核（HYY）。

自动核：指具有自主动作的人或者动物发出的动作行为，该动作行为一般不涉及其他事物。通常与自事、施事等构成语义结构。

协动核：指动作主体发出的复杂动作行为，通常至少需要两个对象完成，传统语法认为这类动词一般是及物性的。

施言核：指言事所发出的与讲话相关的动作，通常与言事、所言构成“言事 + 施言核 + 所言”的语义结构，常见的词例有：说、讲、通知、告诉、唱等。

2. 祈使类

祈使核：（HQS）指由祈使动词充当的动核，表示命令、派遣等表祈使语义，一般与祈事、所祈构成“祈事 + 祈使核 + 所祈”的语义结构。常见的词例有命令、叫、让、请、派等。

3. 参与类

参与类包括加入核（HJR）、担任核（HDR）。

加入核：指由表示参加、加入某组织或活动等含义的动词构成的动核。一般可与任事、所加组成“任事 + 加入核 + 所加”的语义结构。动作行为的客体相对独立于主体，主体也不对客体有某种力的作用，而只是作为客体的一部分参与进来。

担任核：指担任某种职务、充当某种职能或承载特殊含义的动核，与任事、所任组成“任事 + 担任核 + 所任”的语义结构。

4. 遭使类

遭使类包括遭遇核（HZY）、致使核（HZS）、致变核（HZB）。

遭遇核：指表示某种遭遇，受到某种影响等的动核，且多数是负面的影响。与遭事和所遭构成“遭事 + 遭遇核 + 所遭”的语义结构。

致使核：指通过动作行为致使某事物发生一定程度的变化，一般与致事、所使构成“致事 + 致使核 + 所使 + 结果”的语义结构。

致变核：指由动作行为而致使某事物发生质的变化，词例有热、熄、毁坏等。与语义角色组合形成的语义结构通常是“施事 + 受事 + 致变核”、“自事 + 致变核”等。

5. 存有类

存现类包括存现核（HCX）、变化核（HBH）、领有核（HLY）。

存现核：指表示某时或某地存在的人或事物，多出现在存现句中，构成“域事 + 存现核 + 所存”的语义结构，词例有：有、是等。

变化核：表示事物本身发生某种改变，词例有：长成、成了、变成等。通常与变事和变果组成“变事 + 变化核 + 变果”等语义结构。

领有核：表示两个以上事物之间存在的某种隶属关系，通常与领事和所隶组成“领事 + 领有核 + 所隶”等语义关系。

6. 感受类

感知核：（HGZ）表示感知活动，与人的心理或思维活动相联系，词例有想、感觉、喜欢、知道、希望、打算等。通常与感事和所感组成“感事 + 感知核 + 所感”等语义结构。

7. 评判类

评判类包括判断核（HPD）、比喻核（HBY）、评价核（HPJ）。

判断核：表示判断关系，常见的词有“是、为”等。通常与断事和所断组成“断事 + 判断核 + 所断”等语义结构。

比喻核：表示两个事物的相似关系，常见的词有“像、好像、仿佛”等，多出现在运用比喻修辞手法的句子中。通常与喻事和所喻组成“喻事 + 比喻核 + 所喻”等语义结构。

评价核：表示对事物的价值做出的评定，常见的词例有“值得、易于、便于、有利于”等，通常与评事和所评组成“评事 + 评价核 + 所评”等语义结构。

8. 性状类

性状类包括性质核（HXZ）、状态核（HZT）、显示核（HXS）。

性质核：表示主体的特征，一般多由性质形容词充当，通常与当事组成性质句或与比事组成比较句。

状态核：表示主体的状态，一般多由状态形容词充当，通常与当事组成状态句。

显示核：表示主体显现出来的某种性质或状态，与当事组成显示句，常见的词例有显得、长得、写得等。

二、基本角色范畴体系

基本角色范畴包括 8 大类 36 个角色范畴。

1. 施动类

围绕施动核的基本角色分为3类。

（1）主事类

施事（JS）：指动作的发出者，且必须具有生命性，可以自主地发出并控制动作。多与“自动核”“协动核”组成“施事+自动核”“施事+协动核+受事”等语义结构。

共事（JGO）：指施事发出动作的协同对象，常用介词“和、与、同”等引导，通常与“施事”和“协动核”组成“施事+共事+协动核”等语义结构。

与事（JYS）：指对施事有一种交接关系的与体，即施事发出动作的交接对象，通常与“施事”“受事”“协动核”组成“施事+协动核+与事+所受”“所受+施事+协动核+与事”等语义结构。

言事（JYH）：指发出与讲话相关动作的主体，即说话者。通常与“施言核”“所言”组成“言事+施言核+所言”“所言+言事+施言核”的语义结构。

（2）动事类

所受（JSS）：指动作的承受者，具有受动性，既可以是有生命的，也可以是无生命的主体。通常与“施事”“协动核”组成“施事+协动核+所受”“所受+施事+协动核”等语义结构。

所成（JCH）：指动作发生后产生或出现的客体，通常与“施事”“协动核”组成“施事+协动核+所成”“所成+施事+协动核”等语义结构。

所变（JSB）：指动作发生后发生性质改变的客体，通常与“施事”“致变核”组成“施事+致变核+所变”“所变+施事+致变核”等语义结构。

所言（JSY）：指说话者所讲的内容，语义结构与“言事”相同。

（3）协事类

工具（JGJ）：指完成动作所凭借的工具、器材等，多由介词“用”引导，一般处于状语的位置，通常与“施事”“所受”“协动核”组成“施事+

工具 + 协动核 + 所受” “施事 + 协动核 + 工具”等语义结构。

材料（JCL）：指制作成品时使用的原材料，多由介词“用”引导，处于状语的位置，通常与“施事”“所成”“协动核”组成“施事 + 材料 + 协动核 + 所成”“施事 + 协动核 + 材料”等语义结构。

2. 祈使类

祈事（JQS）：指在别人请求或者命令下发出动作行为的主体，动作行为不具有主动性，多出现在祈事句中，通常与“祈使核”“所祈”组成“祈使核 + 祈事 + 所祈”等语义结构。

所祈（JSQ）：指发出请求或命令的内容，即祈事所完成的事件内容，通常与“施事”“祈事”“祈使核”组成“施事 + 祈使核 + 祈事 + 所祈”等语义结构。

3. 参加类

任事（JRS）：指加入某组织或担任某职务的动作主体，通常与“加入核”“担任核”“所加”“所任”组成“任事 + 加入核 + 所加”“任事 + 担任核 + 所任”等语义结构。

所加（JJA）：指动作主体所加入的某组织、单位等，常见语义结构同“任事”。

所任（JSR）：指动作主体所担任的某职务、称号等，常见语义结构同“任事”。

4. 遭致类

遭事（JZS）：指遭遇事件的主体，一般与“所遭”同现，组成“遭事 + 遭遇核 + 所遭”的语义结构。

所遭（JSZ）：指遭遇时间的客体，常见语义结构同“遭事”。

致事（JZH）：指致使事件的主体，一般与“所使”“结果”同现，组成“致事 + 致使核 + 所使 + 结果”的语义结构。

所使（JSH）：指致使事件的客体，常见语义结构同“遭事”。

5. 存有类

域事（JYU）：指存现句中事物存在的方位、场所、范围等，一般与“所存”同现，组成“域事＋存现核＋所存”的语义结构。

所存（JSC）：指某时空存在、出现、消失的事物，常见语义结构同“所存”。

变事（JBH）：指发生变化的主体，一般与“所变”同现，组成“变事＋变化核＋变果”的语义结构。

变果（JBG）：指事物所发生的变化，语义结构同“变事”。

领事（JLS）：指事件中领属关系的主体，即事物的领有者，一般与“所隶”同现，组成“领事＋领有核＋所隶”的语义结构。

所隶（JSL）：指事件中领属关系的客体，语义关系同“领事”。

6. 感知类

感事（JGS）：指心理或思维活动的主体，一般与“所感”同现，组成“感事＋感知核＋所感”的语义结构。

所感（JSG）：指心理或思维活动的客体，即所感知的对象，语义结构同“感事”。

7. 评判类

断事（JDS）：表判断事件的主体，一般与“所断”同现，组成“断事＋判断核＋所断”的语义结构。

所断（JSD）：表判断事件的论断。

喻事（JYB）：比喻结构的本体，一般与“所喻”同现，组成“喻事＋比喻核＋所喻”的语义结构。

所喻（JYT）：比喻结构的喻体。

评事（JPS）：表评价类事件的主体，一般与“所评”同现，组成“评事＋评价核＋所评”的语义结构。

所评（JSP）：表评价事件中所评论的内容。

8. 性状类

自事（JZI）：指不具有施动性质的自主动作行为的主体，一般与“自动核”组成“自事 + 自动核”“自动核 + 自事”等语义结构。

当事（JDH）：表性质、状态、显示事件的主体，一般与“性质核”“状态核”“显示核”组成“当事 + 性质核”“当事 + 显示核 + 性质核”“当事 + 状态核”“当事 + 显示核 + 状态核”等语义结构。

比事（JBS）：指与其他事物相比较的主体，常见的语义结构是“比事 + 比者 + 性质核”。

三、附加角色范畴体系

附加角色范畴包括 5 大类 28 个角色范畴。

1. 对象类

感者（JGZ）：指感知活动中人在进行心理思维活动时所感知的客体，即被感知的对象。常见语义结构是“感事 + 感知核 + 感者”“感者 + 感事 + 感知核”等。

比者（JBZ）：指跟主体做比较的对象，多用介词“比”引导。

归者（JGY）：一般是“所受”的承担或归属者，多由介词“归”“由”引导，常见语义结构是“所成 + 归者 + 协动核”。

对者（JDZ）：指施事发出动作指向的对象，多由介词“对”引导，常见语义结构有“施事 + 协动核 + 所成”“施事 + 协动核 + 对者”等。

涉者（JSE）：指事件所涉及的内容，一般做状语出现，多由介词“关于”“对于”引导。

替者（JTZ）：指代替或帮助施事完成行为动作的对象，常见语义结构是“感事 + 替者 + 感知核”“施事 + 替者 + 自动核”。

向者（JXZ）：指施事发出动作行为指向的对象，常见的语义结构是“施事 + 向者 + 自动核”、“施事 + 协动核 + 向者 + 所受”。

专者（JZZ）：指主体特别强调的对象，一般用介词“连”引导。

除者（JCZ）：表示排除的对象，多由“除了”引导。

门类（JML）：表示类别的对象。

2. 场合类

方位（JFW）：指事件中动作主体的空间趋向，常由介词“向”引导，多是方位词。

位置（JWZ）：指动作或行为所作用的具体地方。

处所（JCS）：指动作行为等发生的场所，多由介词“在”“到”“从”引导，置于状语位置。

地点（JDD）：指动作行为发生的有实体名称的处所。

机构（JJO）：指机关、团体、工作单位或其内部组织。

时间（JSJ）：指表示时间的对象。

3. 伴随类

情状（JQZ）：表示动作行为的情形或状况，常出现在状语位置。

方式（JFS）：指发出动作时所凭借的方式、方法等，常由介词“用”“靠”引导。

结果（JJG）：指事物发展所达到的最后状态。

趋向（JQX）：指事件中动作主体的空间趋向，常由介词“向”引导。

4. 限定类

计量（JJL）：指事件中相关的数量或频次。

范围（JFV）：指动作行为所涉及的限度。

程度（JCD）：指动作行为所达到的水平或状况。

5. 因缘类

依据（JYJ）：指发出动作时所凭借的根据，常由介词“按”“以”引导。

条件（JTJ）：指动作、心理经验、性状变化等发生或出现所需要的条件，常由介词“在”引导。

原因（JYY）：指动作行为或状态等发生的原因，常由介词“由于”引导。

目的（JMD）：指动作行为或某时间发生或产生所要达到的目的，常由介词“为”引导。

致因（JZY）：指导致某情况或事件出现的致使性原因，常由介词“常”引导。

第四节　句法语义范畴体系中的指称结构框架

指称结构框架是指以名词或名词性短语为核心的句法语义范畴，主要包括定中结构和名述结构。与陈述结构框架类似，指称结构框架分为结核范畴、结核 / 修饰范畴、修饰范畴三个类别。

一、指称结核范畴体系

指称结核范畴包括 3 大类 11 小类，各自的定义及举例如下。

1. 主事类

施事（ZS）指称动作的发出者。基本模式是“动作 + 施事”。

感事（ZGS）指称内心体验、心理活动或思维的主体。基本模式是“感知 + 感事”。

当事（ZDS）指情状、特征、品质的主体。基本模式是“情状 + 当事”“特征 + 当事”“品质 + 当事”等等。

2. 限事类

限事（ZXS）指称修饰限定的主体。

关事（ZGU）指称一定性质内容的主体，常与“内容”组成“内容 + 关事”的基本模式。

3. 所配类

所受（ZSS）指称动作的承受者，常与“动作”组成“动作 + 所受”的基本模式。

所成（ZSC）指称动作的结果或成果，一定是动作发生或完成后产生的客体。一般与“动作”组成“动作 + 所成”的基本模式。

所感(ZSG)指称心理活动或思维的客体,即感知的对象,基本模式是“感知 + 所感”。

所隶（ZSL）指称隶属关系中的客体，即隶属关系中的内容，基本模式是“领事 + 所隶”。

所分（ZSF）指称整体中的部分，基本模式是“整体 + 所分”。

所伴（ZSB）指称动作行为所伴随的客体，基本模式是“动作 + 所伴”。

二、结核 / 修饰范畴体系

结核范畴/修饰范畴包括3大类8个小类; 此类范畴既可以做结核范畴，也可以做修饰范畴，各自的定义及举例如下。

1. 用物类

工具（GJ）指称发出动作时所凭借的物件，基本模式分别是“动作 + 工具”“工具 + 所伴”。

材料（CL）指成事的指称中制作或完成“成事”所使用或消耗的原材料，基本模式是“材料 + 当事”。

2. 时空类

方位（FW）指称中动作主体的空间趋向，一般带有“上、下、左、右”等，基本模式是“方位 + 当事”。

处所（CS）指某事物所在的位置或场所。

地点（DD）指称中有实体名称的处所。

时间（SJ）指称动作、状态发生的时间。

机构（JO）指称实体单位。

3. 方式类

方式（FS）指称事物或行为运行时的方式、手段等。

三、修饰范畴体系

修饰范畴包括 4 大类 13 小类。

1. 活动类

动作（XDZ）指动作行为，基本模式是“动作 + 施事”。

感知（XGZ）指修饰主体的心理活动或思维。

2. 领属类

领事（XLS）指隶属关系中某物的归属者，基本模式是“领事 + 所隶”。

职分（XZF）指主体所担当的职务或身份，基本模式是“职分 + 断事”。

整体（XZT）指修饰“所分”的某事物的整体，基本模式是“整体 + 所分”。

类型（XLX）指某事物按一定原则划分的种类，基本模式是“类型 + 断事”。

内容（XNR）指修饰“关事”的内容，基本模式是“内容 + 关事”。

3. 性状类

情状（XQZ）指修饰动作行为或名称的情况、状态。

特征（XTZ）指人或事物特点的征象或表现，基本模式是“特征 + 断事”。

品质（XPZ）指主体行为或作风上所表现的思想、品行、认识等的本质，基本模式是“品质 + 断事”。

4. 限定类

计量（XJL）指与某事物相关的数量，基本模式是“计量 + 限事”。

指别（XZB）指含有指称代词的修饰部分，常与量词结合使用，基本模式是“指别 + 限事”。

原因（XYY）指动作行为或事件、状态等之所以产生或发生的原因。

第五节　句法语义范畴体系中的其他句法范畴

一、独语范畴

独语范畴相当于传统语法中的独立语，在实际交际的语言中常见。这一类范畴在表达语义的过程中也起到了重要的作用，显示了语言的交际功能，提示了话题的来源，同时也能表达说话人的语气等信息。

独语范畴的用例相对固定，根据表达的语义内涵将独语范畴划分为 9 个类别，各自的定义及举例如下。

1. 呼语（DHY）表达招呼他人的提示语，一般是说话人对他人的称谓，也可由语气词充当。例如：“妈妈，我的衣服在哪？”中的“妈妈”；“喂、哟、嗨”等语气词。

2. 应答（DYD）表示对他人提问的回应，常见的有“是、不、嗯、没有”等。

3. 寒暄（DHX）表示交际双方的礼貌问候，常见的有“你好；再见；谢谢；对不起”等。

4. 提示（DTS）表示说话人用以引起听话人注意的独立语，常见的有“你看；你想；特别是”等。

5. 信源（DXY）提示说话的信息源，常见的有“据说、据称、听说”等。

6. 评价（DPJ）表达说话人对所说的一种主观态度和评价，通常出现在演说内容的前面。常见的有“说真的；不用说；我认为；我觉得；可惜的是；就是了”等等。

7. 拟声（DNS）话语中模拟某种声音的表达，如“汪汪、喵喵”等。

8. 感叹（DGT）表示情感的独立语，如“哈哈、嘻嘻、哼”等。

9. 同位（DTW）表示主体对象的同位关系，例如“风声、雨声、涛声，声声入耳”中的“风声、雨声、涛声”。

二、情态范畴和语气范畴

情态范畴分为体时范畴和评估范畴两个大类。体时范畴包括将起体、持续体、已然体、重复体、过程体、时序体、时频体、习惯体；评估范畴包括表意愿、表能力、表可能、表推测、表情理、表确认、表估算、表评价。情态范畴作为句法语义范畴的重要组成部分仍需要更加深入地研究，基于篇幅有限，这里不再说明。

语气范畴主要是针对于一个完整的语句表达而言。在书面语言中，句子的语气是通过语气词和标点来体现的。因此，“深度语义分析信息库”的语气范畴标注依据完整句子中的语气词和标点划分为六种。

1. 陈述句（YCS）表达一个事实或者说话人的看法等。句子通常以“了”和句号结尾，如：

在 /jy 法门寺 /mc 这 /zb 片 /jw 森林 /mc 里 /kj［JCS］，玄奘 /mc［JS］潜心 /qz［JQZ］修行 /zd【HZD】，〈LYG〉终于 /st 成为 /zb【HBH】一 /sl 代 /jw 名僧 /mc［JSB］。{YCS}

2. 祈使句（YQS）表示要求、请求或命令、劝告、建议别人做或不做一件事的句子。句子通常以叹号或句号结尾，如：

这梨 /mc［JSS］洗 /xd【HXD】干净 /zt 了 /yq［JJG］。{YCS} 吃 /xd【HXD】吧 /yq！{YQS}

来 /zd【HZD】吧 /yq！{YQS}

3. 疑问句（YYW）用于提出疑问或询问事情的情况等，句末常由语气词“吗”和问号结尾，如：

你/cd[JDS]也/gl是/pd【 HPD 】一/sl棵/lb会/pg走路/zd的/zg树/mc[JSD]吗/yq？ {YYW}

4. 感叹句（YGT）表达赞美、惊叹、喜悦等感情，句末常由语气词“啦”和叹号结尾，如：

去年/sj的/zg那/zb棵/lb树/mc［JDS］，原来/pg是/pd【HPD】你/cd的/zg爸爸/mc［JSD］呀/yq！ {YGT}

5. 寒暄句（YHX）指一个完整的表达问候等礼貌的语句，如：

喂/hy《DHY》，船/mc大哥/mc《DHY》，你好/hx啊/yq《DHX》！{YHX}

6. 强调式（YQD）表示一个完整的强调语气，如：

连/pg眼/mc［JZI］也/gl不/pg（PFD）敢/pg（PYN）睁/zd【HZD】一/sl睁/xd［JJL］的/yq。{YQD}

三、关联范畴

普通人是根据生活体验到的事理关系说话，并且这种事理关系存在主观认定性，因此人们不是根据需要灌输的逻辑关系在说话。实际上，逻辑关系规则只是部分事理关系的规范化。在话语中的结构形式上，事理关系体现为关联范畴。关联范畴是事理关系在话语中所表现的结构形式，这不完全等同于逻辑关系。深度语义分析的关联范畴包含11种。

1. 并列式（LBL）表示单句前后并列平行的关系。常见的格式例如：即A也B、边A边B。例如：

风儿/mc［JS］不/pg（PFD）闹/zd了/yq【HZD】，〈LBL〉浪儿/mc［JS］不/pg（PFD）笑/zd了/yq【HZD】。{YCS}

上面的例句中前后两个单句间是平行的关系，“风儿”“浪儿”之间没有主次之分，只是单纯地陈述事实情况。

2. 连贯式（LLG）表示单句间动作动作行为在时间上紧密地衔接关系。

常见的格式例如：于是 A 就 B、接着 A 然后 B。例如：

小童 /mc［JS］清晨 /sj［JSJ］醒来 /zd【HZD】，〈LLG〉看见 /gz【HGZ】玻璃窗 /mc 上 /kj 结 /xd 了 /st 一 /sl 朵朵 /lb 晶亮 /xz 的 /zg 冰花 /mc［JSS］。{YCS}

上面的例子虽然没有明显的关联衔接词语，但句子中“醒来”“看见”两个动核表示的动作行为在时间上有着紧密的承接关系。

3. 递进式（LDJ）表示单句间程度低进一步加深。常见的格式例如：不但 A 而且 B、不但 A 反而 B。例如：

嗬 /yq《DGT》，不光 /gl 省力 /xz【HXZ】，〈LDJ〉船 /mc［JDH］也 /gl 行得 /xs【HXS】快 /zt 多 /pg 了 /yq。{YCS}

上句中“不光……也”使得语句前后表达含义的进一步加深，是典型的递进式。

4. 选择式（LXZ）表示单句间只能选择其一的语义关联。常见的格式例如：或者 A 或者 B、不是 A 就是 B。例如：

他 /cd［JS］看到 /gz【HGZ】岛上 /kj 的 /zg 昆虫 /mc 要么 /gl 翅膀 /mc 特别 /pg 大 /xz［JSG］，〈LXZ〉要么 /gl 就 /pg 没 /pg 有 /ly 翅膀 /mc［JSG］，〈LLG〉感到 /gz【HGZ】很 /pg［JCD］奇怪 /xz［JSG］。{YCS}

上句中“要么……要么”在语义真值上只能有一个取真，这种只能任选其一的关联格式称为“选择式”。

5. 取舍式（LQS）表示两个单句间在选择关系上的不平等关系。常见的格式例如：宁愿 A 也不 B、与其 A 不如 B。例如：

我 /cd［JS］宁可 /gl 相信 /gz【HGZ】尺码 /mc［JGZ］，〈LQS〉也 /gl 不 /pg（PFD）相信 /gz【HGZ】自己 /cd［XLS］的 /zg 脚 /mc［JGZ］！{YGT}

取舍式的关联范畴表达了在选择关系中动作主体的倾向，上例中“我”在选择鞋的号码这件事情中表现出对“尺码”的绝对相信，而不相信自己的“脚”。

6. 转折式（LZZ）表示两个单句前后的逻辑转折关系。常见的格式例如：虽然 A 但是 B、然而 A 却 B。例如：

虽然 /gl 他们 /cd［JDS］不（PFD）笨 /xz【HXZ】，〈LZZ〉但是 /gl【HPD】他们 /cd［JDS］没有 /pg（PFD）抓住 /xd【HXD】时机 /mc［JSS］。{YCS}

7. 假设式（LJS）表示单句间的假设关系，常见的格式例如：如果 A 那么 B、若不是 A 那 B。例如：

如果 /gl 没有 /pg（PFD）你 /cd［JTJ］，〈LJS〉主人 /mc［JS］哪 /xw 能 /pg（PNL）每天 /st 欣赏 /xd【HXD】到 /jy 美丽 /xz 的 /zg 花朵 /mc［JSS］呢 /yq？{YYW}

8. 条件式（LTJ）表示单句间的逻辑条件关系。常见的格式例如：只有 A 才 B、只要 A 就 B、无论 A 都 B。例如：

只有 /gl 他 /mc［JZI］勤奋 /xz【HZT】，〈LTJ〉才能 /pg（PYN）有所作为 /mc【HZT】。{YCS}

上例中“只有……才能”表达了“一生勤奋”是“有所作为的”的必要条件。

9. 让步式（LRB）表示单句间的逻辑让步关系。常见的格式例如：即使 A 也 B、即使 A 但 B。例如：

即使 /gl 你 /cd［JLS］有 /ly【HLY】一些 /sl 学问 /mc 和 /gl 本领 /mc［JSL］，〈LRB〉也 /gl 不会 /pg（PKN）成为 /jr【HJR】对 /jy 社会 /mc 有用 /zd 的 /zg 人 /mc［JSR］。{YCS}

10. 因果式（LYG）表示单句间的因果关系，常见的格式例如：因为 A 所以 B、既然 A 那么 B。例如：

这些 /zb 生字 /mc［JRS］往往 /st（TGP）成为 /jr【HJR】阅读 /xd 的 /zg 障碍 /mc［JSR］，〈LYG〉所以 /gl 人们 /mc［JS］形象 /xz 地 /zg 称 /xd【HPD】它们 /cd［JDS］为 /pd【HPD】“拦路虎 /mc”［JSD］。{YCS}

11. 目的式（LMD）表示单句间带达到某种目的的关系，常见的格式例如：为了 A 就是 B、为了 A 就得 B。例如：

为了 /jy 获取 /xd 更多 /xz 的 /zg 知识 /mc，更多 /xz 的 /zg 信息 /mc［JMD］，〈LMD〉又 /gl 必须 /pg（PQL）读 /xd【HXD】大量 /sl 的 /zg 书 /mc［JSS］。{YCS}

第六节　句法语义范畴标注集

标注体系中所涉及动核、角色以及情态成分，采用了汉语拼音的标注形式。为了便于统计和减少角色符号的重码率，标注中所涉及范畴都采用了对应的汉语拼音的两个首字母来表示。如动核的各个下位类型，动作核用 DZ 表示，对应了“动”和“作”的汉语拼音首字母。关系核用 GX 表示，对应了“关”和“系”的汉语拼音首字母。经验核用 JY 表示，对应了“经”和“验”的汉语拼音首字母。性状核用 XZ 表示，对应了“性”和“状”的汉语拼音首字母。性状核是由形容词通常都放在广义的动核结构中，本规范遵从这一做法。如果同一个类中首字母有重复，采用角色中对应的第二个汉字拼音的第二个字母表示。

一、陈述结构范畴（19）

表 5.1

范畴	标记符号	范畴	标记符号	范畴	标记符号
自动核	HZD	协动核	HXD	施言核	HYY
祈使核	HQS	加入核	HJR	担任核	HDR
遭遇核	HZY	致使核	HZS	致变核	HZB
存现核	HCX	变化核	HBH	领有核	HLY
感知核	HGZ	判断核	HPD	比喻核	HBY
评价核	HPJ	性质核	HXZ	状态核	HZT
显示核	HXS				

1. 基本角色范畴（36）

表 5.2

范畴	标记符号	范畴	标记符号	范畴	标记符号
施事	JS	共事	JGO	与事	JYS
言事	JYH	所受	JSS	所成	JCH
所变	JSB	所言	JSY	工具	JGJ
材料	JCL	祈事	JQS	所祈	JSQ
任事	JRS	所加	JJA	所任	JSR
遭事	JZS	所遭	JSZ	致事	JZH

续表

范畴	标记符号	范畴	标记符号	范畴	标记符号
所使	JSH	域事	JYU	所存	JSC
变事	JBH	变果	JBG	领事	JLS
所隶	JSL	感事	JGS	所感	JSG
断事	JDS	所断	JSD	喻事	JYB
所喻	JYT	评事	JPS	所评	JSP
自事	JZI	当事	JDH	比事	JBS

2. 附加角色范畴（28）

表 5.3

范畴	标记符号	范畴	标记符号	范畴	标记符号
感者	JGZ	比者	JBZ	归者	JGY
对者	JDZ	涉者	JSE	替者	JTZ
向者	JXZ	专者	JZZ	除者	JCZ
门类	JML	方位	JFW	位置	JWZ
处所	JCS	地点	JDD	机构	JJO
时间	JSJ	情状	JQZ	方式	JFS
结果	JJG	趋向	JQX	计量	JJL
范围	JFV	程度	JCD	依据	JYJ
条件	JTJ	原因	JYY	目的	JMD
致因	JZY				

二、指称结构范畴

1. 指称结核范畴（13）

表 5.4

范畴	标记符号	范畴	标记符号	范畴	标记符号
施事	ZS	感事	ZGS	当事	ZDS
断事	ZDU	喻事	ZBT	限事	ZXS
关事	ZGU	所受	ZSS	所成	ZSC
所感	ZSG	所隶	ZSL	所分	ZSF
所伴	ZSB				

2. 结核 / 修饰范畴（8）

表 5.5

范畴	标记符号	范畴	标记符号	范畴	标记符号
工具	GJ	材料	CL	方位	FW
处所	CS	地点	DD	时间	SJ
机构	JO	方式	FS		

3. 修饰范畴（13）

表 5.6

范畴	标记符号	范畴	标记符号	范畴	标记符号
动作	XGZ	感知	XGZ	领事	XLS
职分	XZF	整体	XZT	类型	XLX
内容	XNR	情状	XQZ	特征	XTZ
品质	XPZ	计量	XJL	指别	XZB
原因	XYY				

三、情态范畴

1. 体时范畴（24）

表 5.7

范畴	标记符号	范畴	标记符号	范畴	标记符号
将要体	TJY	起始体	TQS	进行体	TJX
延续体	TYX	刚发体	TGF	完成体	TWC
曾经体	TCJ	再度体	TZD	连续体	TLX
按时体	TAS	随时体	TSS	渐变体	TJB
突发体	TTF	间隙体	TJI	最终体	TZY
先后体	TXH	相继体	TXJ	高频体	TGP
中频体	TZP	低频体	TDP	向来体	TXL
时刻体	TSK	依然体	TYR	始终体	TSZ

2. 评估范畴（9）

表 5.8

范畴	标记符号	范畴	标记符号	范畴	标记符号
表意愿	PYY	表能力	PYN	表可能	PKN
表推测	PTC	表情理	PQL	表肯定	PKD
表否定	PFD	表估算	PGS	表评价	PPJ

第六章　句法语义分析技术研究

句法语义分析是自然语言理解的根本问题之一。它在自然语言处理的信息过滤、信息分类、信息检索、语义挖掘等领域有着广泛的应用。在大数据时代，而对海量的信息资源，要想准确地进行信息抽取、检索所需信息、挖掘潜在的信息价值、提供智能的知识服务，这都离不开面向机器理解的句法语义分析。句法语义分析是指根据句子的句法结构和句中每个词的词义信息，将句子转化为某种可以表达句子意义的形式化表示。如何对句子进行正确的语义分析？如何完整、清晰地表示句子中词语和词语之间的语义关系？如何形式化地表示这些语义关系？这些都是自然语言处理须解决的关键性问题。

第一节　句法语义分析技术研究现状

传统的语义学研究主要关注词汇意义。词汇意义是静态的，具有相对的独立性，而句子语义是动态的，具有组合性。因此句子语义的分析比词汇语义分析更为复杂，也具有更为现实的意义。因此，全自动的句法语义分析一直是自然语言处理的主要目标之一。通过深层句法语义分析，可以将自然语言转化为形式语言，从而使计算机能够与人类无障碍的交流沟通。为实现此目标，语言学者和计算机专家已经进行了几十年的努力。然而，面对复杂的语言学现象，深层、全面的语义分析往往需要大量知识的支撑，通用领域的深层语义分析仍然很难实现，因此，为了避免深层语义研究的困难，许多研究者开始关注较为浅层的语义分析任务。浅层语义分析实际上就是在一套非严格定义的语义标签体系基础上，对句子的部分成分进行标注（只标注句子中与谓词相关的语义角色），浅层语义分析不考虑人、物的指代、时态、推理、隐喻等信息，这样就可以绕开深层结构和成分的复杂性，利用一些高效快速的机器学习算法，来满足某些具体应用的需求。语义角色标注作为浅层语义分析的一种实现方式，由于它具备任务定义明确、评价标准统一等特点，使得这种语义分析方式在国内外备受重视。浅层语义分析技术已广泛应用于自然语言处理领域的多项任务中，这些浅层语义信息为自然语言的深入理解和分析奠定了一定的基础，如信息抽取、信息检索、问答系统和机器翻译等，并在各项任务中扮演着重要角色。

目前，句法语义分析的研究主要以浅层语义分析为主。语义角色标注不是对整个句子进行详细的语义分析，而只是对句子的某些短语给定核心谓词的语义角色进行标注，且主要是标注句子中较常用的语义角色。现有的中文语义角色标注系统还大多基于句法分析，但由于现有的中文完全句法分析器性能还不能令人满意，因此基于自动的句法分析的中文语义角色标注效果还不理想，离实用性还有较大的距离。例如，基于手工标注句法树的语义角色标注系统的 F 值已达到了 0.92，但如果使用自动句法分析器时 F 值则降低到了 0.71；如在英文的语义角色标注系统中，这种变化则是从 0.91 降低到了 0.80；这些数据表明，对于还处于初级阶段的中文语义角色标注任务来说，完全句法分析的性能成为影响其性能的一个主要因素[①]。另外，有时从完全句法分析的结果——句法树中提取的词语之间的句法关系并不一定是语义角色标注所必需的，甚至有些词语之间的关系分析并不准确，这样就给语义角色标注引入了噪音。

---

① 王鑫，孙薇薇，穗志方．基于浅层句法分析的中文语义角色标注研究［J］．中文信息学报，2011，25（01）：116-122.

总体来看，无论针对英语还是汉语的句法语义分析还处于初级阶段，未能达到较为理想的句法语义分析效果，甚至目前还没有一个完整的语义角色自动标注工具。究其原因，主要有以下几点。

一、句法语义分析研究所需的语义标注资源还很欠缺，使得深入开展基于统计机器学习方法的句法语义分析技术研究存在一定的瓶颈与困难；

二、已有的语义结构建模还处于初级探索阶段，语义结构建模理论并不成熟，使得现有句法语义分析技术路线不成体系，很难达到较好的语义结构分析结果。

三、汉语和英语相比，英语的词性和句法角色之间存在相对简单而稳定的关系。而缺乏词形上的屈折变化和派生变化的汉语，其语言单位之间的组合以语义关系为基础。换句话说，蕴含复杂语义关系的语言单位之间可能在形式上没有任何标记，而形式上相近的语言单位组合（短语或者句子）并不一定具有相同的语义关系。

第二节　句法语义分析的常用理论分析

从自然语言处理的发展来看，由于在实际应用中现有的自动句法分析达不到令人满意的效果，研究者们纷纷将视角转向了语义研究，提出了各种相关的语义学理论。例如，乔姆斯基的转换生成文法是非常重要的语法分析理论，当初是不包含语义，后来乔姆斯基对其进行了扩充，提出了标准理论，对句子的深层结构做出语义方面的解释。香克（Schank）提出了概念依存理论，通过原语、剧本和计划来描述句义和言语义。菲尔默（Fillmore）提出了格语法，承认语义在句法中的主导作用，研究句子的深层语义结构，后期发展为框架语义学。这些理论的发展和应用，使得对自然语言的处理从句法层面深入到语义层面上，这是一次从形式到内容的质的飞跃。

一、格语法

格语法其实属于生成语法的一种类型，是美国语言学家菲尔墨

（Fillmore）在 20 世纪 60 年代中期提出的着重探讨句法结构与语义之间深层关系的一种语法和语义学的理论，着重研究句子成分之间的关系的分析方法。为了从语义的角度弥补乔姆斯基的转换生成语法的不足，1966 年菲尔墨发表了《关于现代的格理论》，把句子分为命题、助动词和情态三部分。1968 年发表了《格辨》，1971 年发表了《格语法的某些问题》，1977 年发表了《再论格辨》等系列论文。菲尔墨以上这些系列论文创立了系统的格语法理论，即所谓的格语法。格语法一经问世，便得到了语言学界，特别是计算语言学界的重视。格语法实际上是从转换生成语法学派中发展出来的一个分支，是从句法语义关系方面对乔姆斯基转换生成语法第二阶段的标准理论进行的修正。菲尔墨认为格语法和传统语法是两个不同的理论体系，传统语法表示的是表层结构的语法现象（表层格），而格语法表示的是深层的语义格（深层格）。他认为用各类格框架分析句法结构要比乔姆斯基的转换规则方便精密得多。

格语法是从句法语义关系方面对乔姆斯基的标准理论的一种修正。乔姆斯基的标准理论以句法结构为主、语义为辅，格语法则提出语义为主、句法结构为辅。标准理论认为表层结构和深层结构各有各的主语、宾语，格语法认为主语和宾语等只是表层中的关系，深层中动词和名词的语义关系则是格关系。菲尔墨给每个动词设计一个格框架，即这个动词所处句中的主语和宾语具有的格特征，格关系有施事、客体、承受、工具、源点、终点等，然后通过“转换”规则使一个格转换成主语，别的格转换成其他的表层句法关系。据此，表层的句法可以由深层的格推出，也就是说，语义结构通过转换可以直接生成表层句法结构。

格语法是一种动词中心的语法理论，其基本思想是：动词在句中起中心作用，把动词当作句子的中心成分，把动词周围的名词或名词短语当作句子的非中心成分。动词统领整个句子，句子中的其他部分由动词的论元组成，动词的论元由动词周边充当不同格角色的名词所担任，也就是句子结构是以动词为中心成分围绕数量不等的格名词而展开。

菲尔墨的论点主要基于如下假设，即句法结构应该是格所决定的中心，出现在一个句子中的不同的“格”，决定了句子类型和该语言中动词的类型。格语法继承了转换生成语法关于深层结构经过转换得到表层结构的基本假设，但在格语法中深层结构表现为中心动词与一组名词短语间存在语义关系，被称为“深层格”。菲尔墨认为深层格与表层格不同，它是所有人类语言共有的，只是转换规则的不同导致了表层结构中表现的不同。例如，使用格语法分析“小明上午在家照顾妹妹”一句，其中“照顾”为中心动词，“小明”为施事格，“妹妹”为对象格，“家”为场所格，“上午”为时间格。格语法的分析方式有利于自然语言的计算机信息处理，汉语比较适合于格语法的分析模式。目前，格语法在自然语言处理中广为使用，在机器翻译、人工智能等领域发挥了重要作用，是中文信息处理的基础理论之一。

格语法对汉语语义分析的优点。

1. 格语法中，只有属于同一种语义格的词才能连接在一起使用，每一种语义格只有一个句法功能，在句子中只能起一个作用。

2. 语义格是一种较易掌握的形式结构，格语法的表示形式对计算机的程序实现很有帮助，适合于用其进行语言的自动分析。

3. 语义格可以帮助我们对不同的动词进行分类，由深层格框，我们就能掌握动词的正确用法。通过语义格和动词的深层格框，我们就可以确定一个句子各成分间的语义关系，这对于语言的理解无疑有很大的好处。

4. 格语法承认语义在句法中的主导作用，由格语法分析可以得到句子的深层语义结构，给出各成分担当的语义角色，这种处理使得格语法比较适应于类似于汉语这种分析型语言（孤立语）。分析型语言的特点是词基本上无专门表示语法意义的附加成分，形态变化很少，语法关系主要靠词序和虚词来表示。

但是格语法在汉语的分析中也存在如下一些问题。

1. 格语法认为动词在句中起中心作用，那么分析句子时首先要确定句子的核心动词。汉语缺乏形态特征，汉语句子中常常有多个动词同时存在（如主谓谓语句、连动句、兼语句等），作为核心的动词通常也缺乏形态特征。

如何在有多个动词的连动式和兼语式中找出句子的核心动词是汉语信息处理的一个很难的问题，也是格语法目前难以解决的问题。

2. 目前，在汉语中，格的区分还不一致，数量也难以具体确定。而分歧形成的原因，主要在于各家区分“格”的出发点不同以及格语法理论本身也存在的一定局限。

3. 格语法提出的各种格关系都是名词短语和动词短语之间的语义关系，对于名词短语内部和动词短语内部各成分关系的确定还没有给出，因此，无法确定短语内部各成分之间的语义关系。

4. 由于不考虑人、物的指代、时态等情态信息，会造成语义分析的偏误。例如：“他将来南京。”与“他来南京了。”虽然时态并不相同，但是浅层语义表示是相同的。

5. 汉语与英语不一样地方还表现在，有时不是以动词为中心。有些句子中甚至不存在动词，遇到这种情况格语法就无能为力。

6. 语言学界在格语法存在的严重分歧，无疑会影响到格语法的深入应用，常常使得研究者感到无所适从。也使得不同领域、不同应用目的的语言处理系统难以兼容。因此，如何区分汉语中的格，以减少分歧便成了目前汉语格语法研究所亟待解决的问题。

二、框架语义学

在 20 世纪 70 年代末，格语法的发展进入了第二阶段。菲尔墨在其早期的格语法理论的基础上提出并发展了框架语义学，它是一种通向理解及描写词语和语法结构的意义的途径。框架语义学的研究目的是希望能够通过人类经验主义的方法，从人类认知角度，探索人类语言与人类经验之间的潜在关系。为了理解语言中词语的意义，我们必须先具备概念结构，即语义框架的知识，为我们提供词语的意义以及在话语中使用的背景和动因。语义框架涉及的各种参与者、外部条件和其他概念角色，称为框架元素（Frame Elements），它们与框架支撑词有某种句法语义关系，是其配价成分。框架语义学认为，句子描述的是场景，场景中各参与者承担格角色。要理解句子中词的意义，我们头脑中必须先有一定的概念结构。它能够为我们理解词语的意思提供相关的背景知识，即语义框架知识。框架可以是任何一个概念体系，其中的概念之间是相互关联的。要理解这一体系中的任何一个概念，就必须理解整个概念体系。理解任何一个概念都会激活所有其他概念。框架语义学认为人类在理解句子的语义时，首先是理解他认识的词语，该词激起了一个语义场景，并可关联该场景的其他语义成分，如词语“买”激起了“买卖交易”场景，且能够自然关联到买卖物品双方、交易的物品以及交易时间、地点等语义成分。按照框架语义学的“场景”理论，人类在理解自然语言时，对于听到一个词语，会在大脑中激活包含该词语的相应语义场景，从而帮助人类理解自然语言。

框架作为人类认知构建的一种手段，为词在语言中的存在及话语的使用提供了背景和动因。根据框架语义学对词项的描写，我们可以把属于不同类型框架的词项编成不同的组合，这种词汇组织编排与传统的字典不同，它是将“词条”定义从单一的词汇层转到框架语义学层面，使词典使用者可以通过理解该词汇的知识结构背景，更好地理解这一框架内词与词之间的关系。这意味着在框架语义描写的基础上，对单个词项意义的理解能促进我们更直接地理解所有属于该框架的词项。

框架语义学的优点。

1. 由于可描述的是词语背后的认知框架，许多国家的学者通过研究都承认其数据，可以跨语言使用，有通用价值。

2. 框架语义学摆脱了前期格语法中格清单难以确定的问题，具有个性特征的框架元素更适合用来描述自然语言中千变万化的语义。

3. 框架语义学属于认知语言学关注的理论模式，它在词汇、小句甚至语篇等平面上对语言概念语义的表述都有独到之处。

4. 可提供较多数量和类型的框架元素，并可突出不同框架的个性，适合计算机处理自然语言的需要。

框架语义学的存在问题。

1. 框架语义其理论自身也存在缺陷，框架概念定义模糊，框架概念内容和形式上有很大弹性，有框架泛化之嫌。

2. 框架内元素的数量和地位的确立存在争议，一个框架究竟有多少元素，哪些是核心元素，哪些为次要元素，这是语义框架目前亟待解决的问题。

3. 语义框架还难以穷尽描述所有的概念知识。事实上，概念知识的穷尽性表述是不可能的。因为概念知识系统是一个开放式的、动态的、不断变化的系统。

三、概念依存理论

概念依存理论（简称 CD 理论）也称为概念从属理论，是美国计算语言学家香克（R.C.Schank）于 1973 年提出的一种逻辑语义学的形式化表达方法。该理论认为，句子、短语和词组均由概念组成，人们在理解自然语言时依赖的是潜在的概念表述，而不是具体的词或者句子。人们总是用以前遇到的更简单、更基本的事情来理解现在所遇到的事情。因此当计算机理解自然语言时，可以模拟人理解自然语言的心理机制。

概念依存理论分三个层次刻画人的行为：计划、脚本和概念依存层。人们要完成某项任务或达到某个目的，一般需先进行适当规划或安排，这就是计划。计划中的每一个步骤都算是一个脚本。脚本主要用来描写平时在遇到一些常见场景或场合时所采取的一些基本固定的处理方式。概念依存层定义了一组动作基元，相当于原语或中间语言。而其他动作则是由这些动作基元组合而成。动作基元属于核心概念，支配主体、客体、时间、地点等附属概念，从而构成一种依存关系。这样就可以用最简单的一组动作基元来描述很多复杂的行为。

概念依存理论优点。

1. 不同语言可以有相同的语义结构，因此可以用抽象概念，即语义原语，来表达复杂句义或言语义。

2. 该理论最大特点是用概念的依存分析而不是句法成分（词、短语）

的分析来表达句义和言语义。

3. 该理论用高度抽象的方法描述句义，可以忽视句子表层句法格式，只关注深层语义，因此有相同语义的句子，将有相近的语义结构形式。

4. 在规范化、抽象化方面很有代表性，可以清晰表达浅层知识和深层知识，对范围有限的应用领域比较有用。

5. 概念依存理论是针对理解的，是逻辑语义学的形式化方法。在自然语言理解特别是人工智能技术当中有一定作用。

概念依存理论存在的问题。

1. 概念依存理论希望对常识进行系统而又具体的描写，并利用那些基本动作进行方便地推理，从而达到对语言的自动理解。但从另一方面看，概念依存理论对常识的描写是相当刻板和十分定式的。

2. 概念依存理论的基本特点是要将句子中的隐含语义表面化。句子中隐含的语义即使是人们也很难判断出来，因此可操作性较差。

3. 用少数的原语表达所有复杂概念，而又没有一部将语言中的词汇和 CD 理论的概念原语联系在一起的词典。这样语义深度就很难把握，意义表示越深入，不明确的内容会越多。

四、依存语法理论

依存语法（又称从属关系语法）理论，是法国语言学家特思尼耶尔（Tesni è re）创立的。该理论最基本的概念是“关联”“结合”和“转位”。关联是指句子中的词与词之间的支配和被支配关系。例如“他看电视”，“看”分别支配“他”和“电视”。依存语法理论认为关联、结合和转位是概括一切结构句法现象的三个核心。依存语法属于简单句的分析模式。分析时去掉使句子中复杂化的各种成分。如果要分析这些复杂成分就需要引入“结合”和“转位”两个概念。结合是指相同性质的句子构成成分在数量上的增长。与传统语法里的并列关系比较相似，其语法手段主要是通过虚词。转位是指在句法上一个实词成分通过连词、介词、名物化等语法手段转换为另一个实词成分。句法关联可以建立起词与词之间的依存关系，这种依存关系由中心词和从属词关联而成。

依存语法强调“动词中心说”。认为动词是句子的中心，中心词支配句子中其他成分，但是它不受其他任何成分的支配。在结构和语义的关系上，依存语法强调结构和语义的平行性，每一种特定的结构联系都包含了一种特定的语义联系。因此，可以直接在各条依存关联上加上相应的语义标记。依存语法用依存关系来描述词与词之间的具体语义关系和句法关系。与短语结构语法相比，依存语法的特点有：

1. 依存树没有短语结点。依存树的每个节点是句子里的一个词语，没有类似短语结构语法的非终极节点，这样可以直接映射到谓词论元结构，便于抽取动词句式。

2. 依存结构能够很好地反映出句子中每一个词语与其他词语的搭配关系，易于表示句子的语义结构。

3. 依存结构分析法所用的节点比短语结构分析用得要少，这样可以提高标注效率，有助于大规模的语料标注。

4. 动词中心说有助于语义分析的深入。依存结构分析提出“动词中心说”，可以很直观地反映出句子的核心成分，而短语结构分析无法直接表示出句子中的中心词。

基于上述原因，目前国内外都在开始运用依存语法的方法进行自然语言处理研究。并已经成为自然语言处理的一种主流方法。

依存语法的优点。

1. 依存语法中不含有非终极符结点，依存树可以直接映射到谓词论元结构。层次较浅，便于从依存树中抽取动词句式，也易于表示句子的语义结构。

2. 依存语法不用考虑词序，有助于语义分析的深入。例如对于汉语这种词序比较自由的语言而言，比较适合运用依存语法进行语言分析。

3. 基于中心词驱动，在依存树中可以直观地反映出句子的核心成分。在句法分析中，依存的概念（如一个短语的中心词和语法关系的表达）在语言中是普遍存在的。

依存语法存在的不足。

1. 依存关系数量难以确定，难以统一。

2. 对汉语中有很多独特的语言现象，如兼语句、连动句，还无能为力。

3. 依存结构通常假设单一依存，即一个节点只能依存另外一个且最多一个，但是概念关联通常是多重的。

4. 这种方法最大的缺点是没有概念的抽象化表达，不能表示隐含意义。以致无法像人理解语言那样依据认知经验进行一定的推理。

第三节　句法语义分析的常用方法比较

当前，句法语义分析方法可分为以下两种类型。

一、以句法分析为中心的语义分析

以句法为中心的句义分析的研究思路中，认为句法分析是句子语义理解的基础，句法分析是句义分析的中心。句法分析是根据给定的语法知识，自动推导出句子的语法结构，句法分析得到的分析结果一般是层次分明、主次分明、联系类型明确的句法树。然而，在自然语言处理中，有时可能不需要得到整个句子的短语结构树信息，或者不但要得到整个句子的短语结构树，还要知道句子中词与词之间的依存关系。因此，通过依存语法分析来描述词与词之间的依存关系是目前以句法分析为中心的依存语法分析方法比较流行的原因。依存句法分析的理论基础是现代依存语法理论。可以直接在各条依存关联上加上相应的语义标记，这就是基于依存语法的语义分析。依存句法分析模型大都基于语料库，采用统计的方法来分析处理。例如 Proobank 是在宾州树库句法分析的基础上，采用依存分析方法使用 50 多个语义角色类型，对与动词有关的语义角色进行标注。汉语方面，李涓子等提出一个基于语义依存关系的句子理解模型，实现了一个受限领域内能够理解句子意义的分析器；台湾“中研院”利用几十个语义角色在中文句结构树资料库中为句法关系链上添加语义标签。但这种方法最大的缺点是没有概念的抽象化表达，不能表示隐含意义，以致无法像人理解语言那样依据认知经验进行一定的推理。

实践研究方面，由于依存分析方法具有可以把依存树直接映射到谓词论元结构、便于从依存树中抽取动词句式、不用考虑词序、基于中心词驱动等优点，吸引了不少研究人员的关注，于是引发了一系列相关的依存标注研究。

清华大学计算机科学与技术系很早就有学者在研究利用依存语法进行语料库加工标注开发，如周明、黄昌宁在《面向语料库标注的汉语依存体系的探讨》（1994）一文中提出并论证了依存语法是合乎大规模真实文本处理要求的句法体系，并结合汉语的特点，研究了汉语的依存语法，划分了44种依存关系并简要讨论了依存语法的一些应用；周明、黄昌宁在《统计与规则并举的汉语句法分析模型》（1994）一文中提出了一种基于依存文法并融合规则方法和语料库统计方法的汉语句法分析模型CRSP。该模型的特点是将汉语依存文法分析看作是与词性标注过程等价的一个基于统计的标注过程；苑春法、黄锦辉、李文捷在《基于语义知识的汉语句法结构排歧》（1999）一文中利用依存语法进行句法分析将得到一棵依存句法树，通过寻找汉语语义类之间可能存在的句法关系建立汉语语义关联网，来解决句法分析存在着难以排除的结构歧义现象；李涓子、王作英在《基于语义依存关系的句子理解模型》（2003）一文中依据依存语法理论，用语义依存关系序列表示句中词与词之间的语义关系，提出一个基于语义依存关系的句子理解模型，模型可以解决词之间的远距离依存关系和句子意义理解问题。党政法、周强在《短语树到依存树的自动转换研究》（2005）一文中结合清华汉语树库标注体系的特点，提出了一种将清华的汉语树库从短语结构转换成依存结构的算法，转换得到的依存树不仅包含了各个节点之间相互依存的层次关系，更包含了相互依存的两个节点的具体的依存关系类型。

哈尔滨工业大学基于依存语法的语料库建设做出了很多相关的项目和研究成果，他们建构了包含6万句的汉语依存树库，并免费提供给学术界共享。刘挺、马金山、李生在《基于词汇支配度的汉语依存分析模型》(2006)一文中通过建立了一个大规模的汉语依存树库，统计分析树中词汇层次的依存信息，并根据依存树结构的特点引入了词汇支配度的概念，建立了一个新的词汇化依存分析模型；李正华在其博士论文《汉语依存句法分析关键技术研究》（2013）中针对汉语特点，深入研究了基于标点的快速高阶依存句法分析方法、词性标注和依存句法分析的联合模型和多树库融合问题，大大提高了汉语依存句法分析处理实际文本数据的效率和准确率。

近年来中国科学技术大学也开始了依存语法的应用研究，刘贵全、曾宇斌在《基于最大熵模型的汉语依存分析》（2006）一文中采用最大熵模型实现中文依存语法的分析，用自底而上的方式构建语句的依存关系树；曹欢欢、谢兴生在《负面新闻判定算法的研究与应用》一文中针对负面新闻判定问题，提出一种融合依存语法和简化的格语法框架理论，结合情感词典对关键句群进行主题相关的语义倾向性分析。武汉大学语言与信息研究中心也尝试依存语法标注的研究工作，选取了小规模的语料（约一万个句子和一万个名词短语）进行人工标注。王跃龙、姬东鸿在《汉语依存图库建设研究》一文中针对现有的汉语依存标注存在的问题，提出构建一种全新的汉语树库——依存图库。依存图表示可以突破以往树结构表示的局限，更好地表示词语之间的关系，对于汉语特殊结构的表示具有更大的优势；陈波在《基于依存语法的语料库标注研究》一文中针对当前汉语依存标注研存在的问题，提出建构足够大规模的汉语树库、找出适合汉语独特特点的依存分析方法、统一依存划分标准等具体建议。

从以上的研究来看，当前国内的依存句法分析主要还是借鉴国外的分析理论和方法，技术上没有太多的突破，还存在很多问题。例如，目前各类依存句法分析系统中，动宾关系依存弧缺失是一种普遍存在的错误现象；句子中动词活动能力最强、表现形式也最为复杂；另外，国内现有的依存分析系统之间标准还彼此不同，例如清华依存关系的数量还一直处于调整中，从最初的 36 种调整 106 种，然后是 44 种、70 种，再到哈工大的 34 种，迄今为止还没有一个统一的说法，更不用说把各个机构做的标注系统整合到一起了，因此目前依存分析在汉语分析方面还困难重重。

二、以语义为中心的句义分析

该研究思路摒弃了传统“语法 - 语义”的研究模式，将语义作为首要的考虑因素。重视语义和知识表示，摒弃语法的一切形式，以某种语义分析理论为基础对句义进行直接分析。典型的语义分析理论有格语法、框架语义学、概念依存理论等。例如，基于格语法的句义分析思路是：首先识别待分析句子的主要动词，在动词词典中找出该词的格框架。然后识别必须格并查找格的填充物。如果格框架还需要其他必备格，则继续查找其他名词的语义信息，并按要求进行相应的填充，最后识别可选格并查找相应填充物。另一种比较有代表性的语义分析方法是香农（Schank）的概念依存理论。利用少数个概念来表达丰富的语言意义，并描述了脚本和计划，虽然推理能力很强，但对于汉语来说，始终是停留在高度抽象的概念表达上，没有落实到具体的语言单位，使得研究者对自然语言的语义表示深度、语义表示标准很难把握。

在格语法的应用实践方面，在“905”工程——中文信息处理应用平台工程中，研究人员选择了格语法和语义场理论作为语义分析的理论框架，用格语法理论分析组合型语义关系。信息工程大学的李剑、郭永辉等在《基于 EICG 的英汉机器翻译句型转换器设计》（2005）一文中提出了扩展的基于信息的格语法（EICG）及其应用原则，并且利用 EICG 设计实现了英语句型转换器，用于 MatLink 英汉机器翻译系统。华东师范大学的吴娜炯在《格语法在主观题自动阅卷中的应用》（2010）一文中结合格语法进行语义分析，在此基础上设计语句相似度算法，有效地提高主观题自动阅卷评分准确率。

在框架语义学的实践方面，山西大学从 2004 年开始以 Fillmore 的框架语义学为理论基础，以加州大学伯克利分校的 FrameNet 为参照，建立汉语框架网，并围绕汉语框架网的建设，开展了一系列的研究，取得了丰硕的成果。该项工程一方面针对汉语词汇，参照英语框架语义网，创建适合汉语语义内容的框架；另一方面，以汉语真实文本为语料，为各个框架标注了一些句子示例，显示框架语义在句子表层的表现形式[①]。汉语框架网由词元库、框架库和例句库三部分组成。目前已入库框架 361 个、词元 4547 个、标注例句 40 000 多条。据统计，汉语框架网中能够激起多个框架的目标词已达到 1245 个，占总词元的 27.5%。涉及法律、旅游及图书等领域，为计算机进行汉语框架语义分析及其应用研究提供了宝贵的汉语语义资源。可用于语言学、计算语言学研究及自然语言处理研究。上海师范大学的陶明忠、马玉蕾在《框架网络与汉语信息处理》(2007) 一文中用汉语实例说明，构建汉语框架网络对解决汉语信息处理中的语义问题具有重要意义，并提出在语义角色自动识别方面，除了运用机器学习方法之外，基于规则的语义特征核查方法很值得尝试。青岛科技大学的刘勇、魏光泽在《基于汉语框架的语义标注方法》（2015）一文中以框架语义理论为基础，构建汉语语义分析的范畴知识体系，并以语义标注语料为基础，归纳汉语句子中框架元素的识别规则，并通过实验验证了规则的有效性。

因框架网是在格语法的基础上发展，与格语法体系相比，基于框架语义的句法标注更显先进，能辨识出更多的语义内容，语义描述也更加准确。下面根据表达句子意义这一应用目的出发，从语义表达的精度、隐含语义的表示能力、生成事件模板的能力以及生成语义表达式的难易程度四个方面对框架语义、依存语法和概念依存三种语义分析形式进行比较。[②]

1. 在语义表达的精度方面：依存分析的语义关系标签直接指向每一个具体的词语，无疑是最细致的，但也因此缺少概括能力；框架语义在精确

---

① 刘开瑛 . 汉语框架语义网构建及其应用技术研究 . 中文信息学报，2011 年第 6 期 .

② 由丽萍，范开泰，刘开瑛 . 汉语语义分析模型研究述评 . 中文信息学报，2005，（06）：59-65.

性方面，由于用核心词汇表示框架元素，忽略了一部分修饰性成分，因此分析的细致度不如依存分析。但和概念依存相比，精度显然要高于概念依存。概念依存一般只分析句子的主干意义，且仅用少数行为原语来描述所有动作，显然概括程度最高，精确性最差。

2. 在隐含语义的表示能力方面：概念依存比较擅长的一面就是将句子中的隐含语义部分表面化，利用那些基本动作来推理，从而达到对语言的自动理解，因此其隐含语义的表示能力最强。而框架语义理论便于表示属于远距离、跨层次的词语之间隐含的语义联系，相比概念依存要弱些。依存分析表示的句义基本上是浅层次的，且不能根据常识或推理补充隐含的语义，隐含语义的表示能力较差。

3. 在生成事件模板的能力方面：对于概念依存来说，事件模板就是概念依存理论所说的脚本，而脚本本身就是概念依存理论里的一个特色之一，因此其生成事件模板能力较强。由框架语义方法生成事件框架显得更容易，其中 FrameNet 框架数据库起了很大的作用。但如果由依存分析生成事件模板，对文本中隐含的语义关系进行显性化表示，则过程复杂、难度很大。

4. 在生成语义表达式的难易度方面：基于词语的依存分析，相对于概念依存和框架语义来说，由于形式化标记比较多，生成语义表达式比较容易。框架语义虽然可以跨越句法层次表示语义关系，但总体上还是和句法表征有一定对应关系的，因此生成语义表达方面要较依存分析差一点。而概念依存在语义深度就很难把握，意义表示越深入，不明确的内容就越多，生成语义表达式相对较困难。

总之，依存语法、概念依存和框架语义三种语义分析方法都描述了语义成分之间的依存关系，其主要区别在于分析单位的性质不同。依存分析用词语作基本分析单位，概念依存用概念作基本分析单位，而框架语义的分析单位则是指向概念的词语。依存分析最大的优点是精确度高和生成语义表达式比较容易，而最大的缺点是功能弱不能表示隐含意义，无法进行推理和生成事件模板。概念依存正好相反，最大优点是功能强，缺点则是生成语义表达式差，语义深度难以把握。相比依存分析不能表示隐含意义、概念依存生成语义表达式差的硬伤，框架语义虽然在各个方面表现都不是最优的，但性能在各方面都显均衡，因此框架语义可能是目前最适合汉语句法语义处理的语义分析方法。

第七章　句法语义范畴自动标注研究

全自动的语义分析一直是自然语言理解的主要任务之一，通过语义分析可以透过多变的句法形式抓住句子的本质，例如对于句子“张三吃了苹果”和“苹果被张三吃了”，虽然它们的表述形式不同，但语义是一样的。然而，面对复杂的语言学现象，目前所取得的效果并不理想。深层、全面的语义分析往往需要大量知识的支撑，为了避免深层语义研究的困难，许多研究者从较为浅层的语义分析任务入手。浅层语义分析并不对整个句子进行详细的语义分析，而只是标注句子中的一些成分为给定动词的语义角色，这些成分作为此动词框架的一部分被赋予一定的语义含义，如施事、受事、时间和地点等。目前，大多数的语义角色标注需要使用句中的句法结构信息，这些信息对语义角色边界的识别以及角色分类也是很有用的，所以语义角色标注的性能受制于自动句法分析器的性能。而目前自动句法分析器的性能还不能满足实际的需要，导致语义角色的自动标注效果也不理想。考虑到目前汉语完全句法分析效果难以突破，仿照英语以句法成分作为标注单元的做法精度难以提高。本文尝试采用基于语义词类在核心词的语义句型框架下进行句法语义范畴自动标注，采用规则与统计相结合的方法，充分利用语义词类信息对文本中的句子进行句法语义范畴标注。

第一节　理论依据及标注任务

一、系统开发的理论依据

自然语言处理研究进入句处理阶段以后，无论是基于规则还是基于统计的处理策略，都面临着“句法－语义接口”问题。目前通常的处理策略是：采用语形语法为主、句法语义为辅的思路，基于句法结构的二重性，分析各自的句法成分和语义角色，以考察语义角色如何投射为句法成分。这一基于语形语法的“句法成分－语义角色”接口研究，主要在句法层面考虑二者之间的对应和投射关系，尚未触及句法结构自身的生成机制[①]。根据语义语法学理论中的观点，语言的本质属性是语义性。句法语义植根于词汇语义，语形只是语义的部分投影或标记化语义。自然语言系统是建立在认知符号的实体范畴化（聚合义场：语义词类）和实体关联化（组合义场：句法语义）基础上的语义网络（即义网）。义网的基本单位是包含若干义征的词元，词元聚合成子场，子场成员具有相同的句法范畴义征，由此可能实现为句法语义范畴，组成句模。句法范畴包括枢纽（动核名核）、角色（内层外层）、情态，从而提出了“词汇语义－句法语义”衔接研究的思路。

“词汇语义－句法语义”衔接研究与“句法成分－语义角色”接口研究的区别在于以下几点。

1.“句法成分－语义角色”接口研究以语形为本、语义为辅，“词汇语义－句法语义”衔接研究以语义为本。

2.“句法成分－语义角色”接口研究思路是句子结构分析，而“词汇语义－句法语义”衔接研究是语义网络建构。

3.“句法成分－语义角色”接口关系是句法成分－语义角色之间的映射，

① 孙道功，李葆嘉．动核结构的“词汇语义—句法语义”衔接研究［J］．语言文字应用，2009（1）：134-141.

而“词汇语义 – 句法语义”衔接是词汇语义 – 句法结构之间的生成。

基于语形语法的“句法成分 – 语义角色”接口研究如图 7.1，基于语义语法的“词汇语义 – 句法语义”衔接研究如图 7.2。

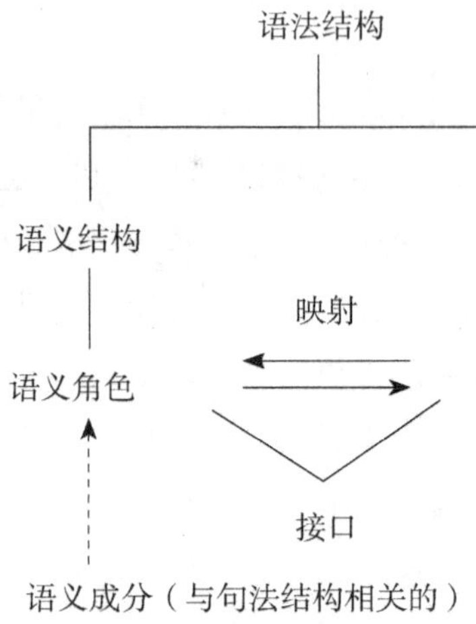

图 7.1　句法成分 – 语义角色接口研究

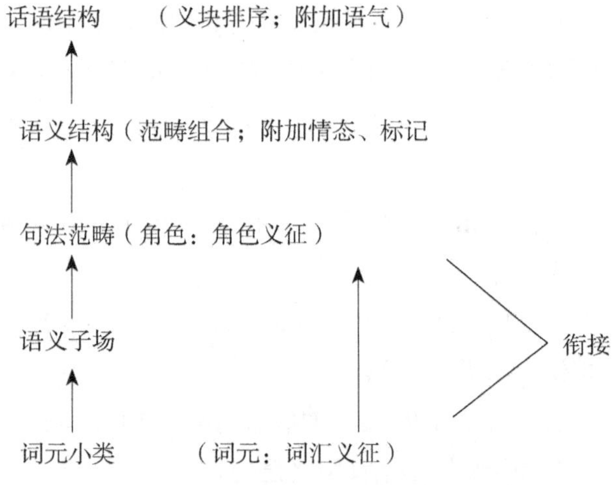

图 7.2　词汇语义 – 句法成分接口研究

根据语义语法学理论，语义性是语言的本质属性，语形只是语义的部分投影或外在标记。句法语义植根于词汇语义，揭示“词汇 – 句法语义”的衔接机制，即词汇单位如何实现为句法语义范畴尤其是语义角色的机制，才是“句法－语义”接口的重点，也是句法结构生成的关键。语义角色的句法实现作为“句法－语义”接口的重要组成部分，是句子生成不可或缺的重要环节。而语义角色的承载者，在词汇语义层面是词汇单位，在句法语义层面是句法论元。在“句法－语义”层级性接口中，词汇单位首先通过句法范畴义征的桥梁作用实现为语义角色范畴，语义角色范畴通过投射原则选择某一句法位置，实现为句法论元。语义角色句法实现时需要接受句法语义框架的规约、词汇语义的限制以及语用因素的制约，但在整个接口过程中，词汇语义发挥着最底层的制约作用。

二、标注任务描述

本次的标注任务是对真实文本中已分词并标注了语义词类的句子，标注句法语义范畴信息，包括结核范畴、角色范畴。对于情态范畴（体时＋评估）、语气范畴、关联范畴目前暂不考虑。具体标注时区分为两大类型：陈述结构范畴和指称结构范畴。由于在实际的语料中，陈述结构形式占主导地位，指称结构数量较少，因此目前指称结构范畴的标注也暂不考虑。陈述结构范畴标注对象包括结核和角色，结核包括 7 大类 17 小类，角色包括基本角色范畴 34 个和非基本角色范畴 27 个。考虑到深度语义标注库的语料规模相对较小，本文将句法语义范畴标注的任务设定为对于一个汉语句子在给定核心词及其所属语义句型框架的前提下，自动识别出核心词所支配的语义角色的边界，并标注出该核心词所支配的语义角色，包括基本角色和附加角色。

1. 标注单元

语义角色标注研究中使用的标注单元主要有词、短语、句法成分或者依存关系等，其中以句法成分为标注单元的研究较多。但由于汉语的句法分析器还不成熟，尚未达到可以实用的地步。因此，在现有的汉语语义角色标注系统中，基于自动句法分析器的语义角色标注系统的结果还不是很理想［李济洪．汉语框架语义角色的自动标注技术研究．山西大学，2010年．］。要想开发一个真正实用的标注器必须依赖相对成熟的热术。目前，汉语的分词和词性标注技术相对来说比较成熟，若选择词为标注的基本单元可以减少标注错误向下一处理环节的累积。因此，本文选择以词作为基本标注单元，将句中角色看作一个符号序列。在给定目标词情形下的语义角色标注问题整体看作句子层面的符号序列标注问题。

2. 语义角色标注方法

陈述结核范畴是描述动核的语义和句法语义关系的重要手段，并且直接涉及到动词小类的划分问题，对语义角色的划分也有直接影响。根据语义语法学理论，句法语义根植于词汇语义，某个动词或某一类动词的句法语义特性基于该动词的词汇语义特征。在标注句法语义范畴时，先找结核范畴，以便于识别句子结构。根据陈述结构的 17 种结核范畴与角色之间的配对关系，即语义句型，进行标注。

语义角色标注分为 5 个步骤：确定结核、预处理、识别、分类和后处理。

（1）确定结核：结核的确定也就是句子中核心谓词的确定。核心谓词确定了，相应的语义句型框架也就确定了。

（2）预处理：预处理的目的是从大量的候选项中去除掉那些不可能成为语义角色的项，从而减少候选项的个数。一个句子中的候选项的数目往往很大，如果不进行筛选，将极大地增加后续工作的负担。筛选时一般根据启发式规则，删除那些不可能成为语义角色的词，从而提高训练和测试的效率。

（3）识别：识别过程一般是从候选项中识别出真正的论元，对一个标注单元是否是语义角色加以判别，实际上就是一个二元分类器，该阶段不需要对论元所承担的语义角色进行标注。

（4）分类：论元标注是为前一阶段识别出的候选论元对其承担的语义角色进行判断和标注，判断该论元究竟属于哪个语义角色类，此阶段通常被当作多值分类问题，其类别集合是全部语义角色标签。

（5）后处理：后处理的目的是对之前计算出的语义角色标注结果，根据语义角色标注本身的一些固有约束进行处理，使其满足语义角色标注结果的一些要求。

本系统的语义角色标注流程如图 7.3 所示：

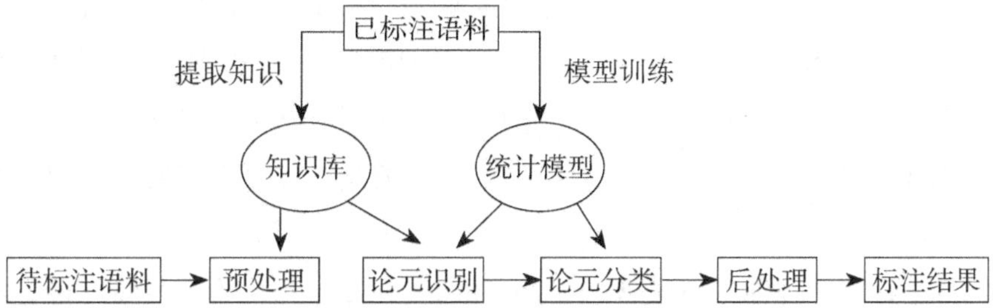

图 7.3　语义角色标注流程图

第二节　标注方案及标注体系

一、标注任务方案

本文主要研究深度语义标注语料库的句法语义范畴，重点放在语义角色的自动标注研究上。语义角色主要是指和谓词相关成分所扮演的角色，与论旨理论中所指的论旨角色的意义基本相同。对于很多动词来讲，都有自己的论元结构（语义句型框架），规定哪些论元是必需的，哪些是任选的，与其搭配的成分并不是任意的，而是有所限制的。这种限制就包括与动词组配的名词成分个数，即论元数；论元的类型，即语义角色；以及谓词对语义角色的选择限制，等等。其中论元数也称配价数，如三价动词“送”，其组配关系可以记作：送（X，Y，Z），其中 X、Y、Z 对应的语义角色分别为施事、受事、与事。即论元数和语义角色类型是相关联的。例如，如果动词论元数为 1，一般就不会有与事角色出现。另外，动词对语义角色的选择也是有限制的。如“送”的施事角色和与事角色一般要限制为“人”类的名词，受事角色一般为某种事物。例如：送【协动核】，语义句型框架为“mc［JS］送/xd【HXD】cd［JYS］mc［JSS］，属于“施事—给予句”，意思是“某人+送+某人+某物”，例句“姑妈/mc［JS］送/xd【HXD】我/cd［JYS］一/sl只/lb小鸟/mc［JSS］”。

本文构建的句法语义范畴自动标注系统的方案是：

1. 从已标注了语义词类和句法语义范畴的深度标注语料中根据句中结核提取语义句型，得到各动词对应的语义句型库，进一步得到各动核句模库。

2. 从已标注好的语料中提取“词形+语义词类标记+句法语义范畴标记”配对关系，得到不同词形对应的语义词类及句法语义范畴标记的频次知识库。

3. 从已标注好的语料中提取“语义词类标记+句法语义范畴标记”配对关系，得到每个语义词类对应的句法语义范畴标记频次知识库。

4. 以语料文本中的句子为单位，运用规则和统计相结合的方式进行句法语义范畴标注。

二、句法语义范畴体系标记及含义

陈述结核范畴的标记由“核”的拼音大写首字母“H”和范畴名称的拼音大写首字母组成。比如：自动核的代码为“HZD”，“H”代表陈述结核范畴，“ZD”是“自动”汉语拼音的首字母大写。陈述结核范畴的8大类19个结合范畴，除施言核（HYY）外，其他范畴代码都符合此规则。同理，基本角色范畴和附加角色范畴的代码由“角”的拼音首字母大写“J”和范畴名称的拼音大写首字母组成。角色范畴涉及的数量相比结核范畴要多，因此为了避免范畴代码重合的情况，个别的不按此规则标注。例如：施事（JS）、共事（JGO）、言事（JYH）等。

陈述结核范畴：

自动核（HZD）协动核（HXD）施言核（HYY）祈使核（HQS）加入核（HJR）担任核（HDR）遭遇核（HZY）致使核（HZS）致变核（HZB）存现核（HCX）变化核（HBH）领有核（HLY）感知核（HGZ）判断核（HPD）比喻核（HBY）评价核（HPJ）性质核（HXZ）状态核（HZT）显示核（HXS）

基本角色范畴：

施事（JS）共事（JGO）与事（JYS）言事（JYH）所受（JSS）所成（JCH）所变（JSB）所言（JSY）工具（JGJ）材料（JCL）祈事（JQS）所祈（JSQ）任事（JRS）所加（JJA）所任（JSR）遭事（JZS）所遭（JSZ）致事（JZH）所使（JSH）域事（JYU）所存（JSC）变事（JBH）变果（JBG）领事（JLS）所隶（JSL）感事（JGS）所感（JSG）断事（JDS）所断（JSD）喻事（JYB）所喻（JYT）评事（JPS）所评（JSP）自事（JZI）当事（JDH）比事（JBS）

附加角色范畴：

感者（JGZ）比者（JBZ）归者（JGY）对者（JDZ）涉者（JSE）替者（JTZ）向者（JXZ）专者（JZZ）除者（JCZ）门类（JML）方位（JFW）位置（JWZ）处所（JCS）地点（JDD）机构（JJO）时间（JSJ）情状（JQZ）方式（JFS）结果（JJG）趋向（JQX）计量（JJL）范围（JFV）程度（JCD）依据（JYJ）条件（JTJ）原因（JYY）目的（JMD）致因（JZY）

“结核范畴”标注在相应句子成分之后，用【××】括起来。“角色范畴”标注在相应句子成分之后，用［××］括起来。

第三节　相关语义知识库的构建

对于自然语言来讲，对一个句子真实语义的理解是需要建立在对句子中所有词汇意义、句法意义理解的基础上的。任何想要让计算机能够如同人类一样去理解自然语言句子的自然语言系统，首先需要拥有的就是关于其语言的词汇和句法的知识体系，也就是词汇和句法语义知识库。

一、语义词类与句法语义范畴对应关系知识库

为了给句法语义范畴自动标注提供相应的语义词类与句法语义范畴标记对应关系及统计数据，我们开发了语义词类范畴与句法语义范畴对应关系检索、统计工具。利用该工具，可以方便地构建语义词类与句法语义范畴对应关系知识库。

该工具具有如下功能。

1. 可以方便地从标注好的语料库中提取不同语义词类和句法范畴标记的对应关系及其例数，并可查看相关例句。

2. 可以方便地从标注好的语料库中提取不同句法语义范畴标记对应的语义词类标记及其例数，并可查看相关例句。

3. 既可方便直观地查看不同类别标记的对应关系，也可一次性地从语料库中分门别类地提取语义词类与句法语义范畴标记对应信息。

该工具软件的图形界面如图 7.4 所示。

图 7.4　语义词类与句法范畴对应检索工具

利用该检索统计工具，可以进行一些相关的应用分析。例如，基于语料库的句模系统建构是以陈述结核范畴为核心展开的，因此在建构句模之前，首先对语料库中所涵盖的各类陈述结核范畴进行频度统计分析。借助统计的方法分析陈述结核范畴的频度差异，这既是对语料库的深度分析研究，同时也可进一步验证深度语义分析的句法语义范畴体系的合理性。[①]

---

① 段潇雪 . 句法语义范畴和语义句模研究［D］. 南京师范大学，2013.

陈述结核范畴在总库中的频度统计如下表所示。

表 7.1

类型	施动类			祈使类	参与类		遭致类		
	HZD	HXD	HYY	HQS	HJR	HDR	HZY	HZS	HZB
数量	5368	11 293	1580	457	42	93	99	289	62

类型	存有类			感知类	评判类			性状类		
	HCX	HBH	HLY	HGZ	HPD	HBY	HPJ	HXZ	HZT	HXS
数量	968	359	664	2701	3114	474	71	2060	1044	185

通过抽取统计发现：在深度语义标注语料库中出现频度最高的是协动核（HXD），最低的是加入核（HJR）。陈述结核范畴的频度高低依次是HXD、HZD、HPD、HGZ、HXZ、HYY、HZT、HCX、HLY、HBY、HQS、HBH、HZS、HXS、HZY、HDR、HPJ、HZB、HJR。在施动核类型中，各种范畴的频度高低依次是协动核（11 293）、自动核（5368）、施言核（1580）。遭致核类型中，各种范畴的频度高低依次是致使核（289）、遭遇核（99）、致变核（62）。存有核类型中，各范畴的频度高低依次是存现核（968）、领有核（664）、变化核（359）。评判核类型中，各范畴的频度高低依次是判断核（3114）、比喻核（474）、评价核（71）。性状核类型中，各范畴的频度高低依次是性质核（2060）、状态核（1044）、显示核（185）。

通过对陈述结核范畴的频度统计，可以发现施动类在语料库中所占比重最大，其次是评判核，参与核所占比例最小。因中小学语文课文语言本身的规范性和语言表述复杂程度的渐进性安排，使得在整个语料库中陈述结核范畴的分布呈现如下的特点：第一，协动核在语料库中所占比重最大。协动核的频度高于其他范畴，一方面是因为中小学语料的语言特点，另一方面是因为一些动核本身特征不明显而又符合协动核主体二重性的特点，因此在标注中标为协动核。第二，施动核之外的陈述结核范畴的出现相对比较均匀。陈述结核范畴是以动核的语义为基础进行划分的。从统计结果来看，存有核、感知核、评判核和性状核的频度都在3000左右；祈使核和遭遇核的频度也在400左右。从以上统计数据可以发现，句法语义范畴体系在语料中的分布是比较均匀的。

二、语义句型框架库的构建

在标注句法语义范畴时，根据标注规则，先找结核范畴。然后根据结核范畴与角色之间的配对关系，即语义句型（语义框架），进行标注。基于规则和自动标注需要，我们从已标注好的语料库中，提取出各核心词的语义句型，构建了语义句型库。

根据标注目的及标注层次的需要，根据所关涉的角色类型，我们构建了多种语义句型库，如核心词加基本角色的句型库，核心词加基本角色、附加角色的句型库，核心词加基本角色、附加角色、情态范畴的句型库等。

根据构建语义句型库的需要，我们开发的语义句型提取、统计工具如图 7.5 所示。

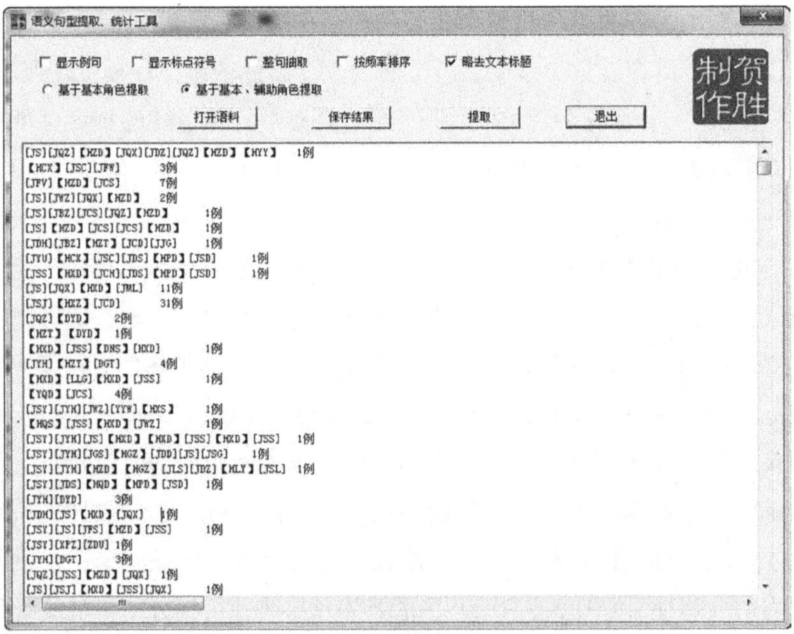

图 7.5　语义句型提取、统计工具

通过对从已标注好的语料库中提取的语义句型框架的分析发现，除了基本语义框架外，还有相应的变式。但变式无论如何变化，角色数量如何增加，与基本角色范畴同现的谓词是不会变化的。换言之，基本语义框架是相对固定和有限的，与基本角色同现的谓词义类也是相对固定的，其他框架都是基于基本语义框架递归形成的。例如以自动类为例：自动词是自身发出某种动作行为或表现某种性质状态的词。自动词表示自身的运动、变化或性质状态，所以只关联一个基本语义角色，即施事。基于语义知识库的考察发现，能够与施事同现的自动词共有 747 个，从对应的义类看共有 4 种类型，分别是动作类、活动类、状态类和现象类。语义知识库中的词例如下所示。

1. 动作类：滑行、打滚儿、滚动、仰卧、跌倒、挣扎、抬头、扶老携幼、敲门、登高、奔跑、漫步、跑来跑去、伫立、咳嗽、眨眼、打哈欠、抽搐、游来游去、飞翔

2. 活动类：游玩、生活、泛舟、洗漱、玩耍、活动、休养、离去、蜂拥而至、迎面而来、回家、日夜兼程、驾船、得救、帮忙、声援、节衣缩食、排队、胡作非为、行动、修行、读书、写作、翩翩起舞

3. 状态类：旋转、转、闪、升高、倾斜、扭曲、滚落、翻、掉、落、松动、变色、冻、绝迹、散开、失败、成功、一无所获、落空、结束

4. 现象类：长大、出生、发育、生长、繁殖、繁衍、诞生、出世、渴、醒来、做梦、惊醒、午睡、醒悟、生病、死去、去世、早逝、活

基于语义知识库的考察发现，自动词的语义特点是［+ 动作 / 性状］［+ 自主性］［+ 非支配性］。［非支配性］义征是指该类动作行为是由某一主体发出，但不支配其他的人或事物。由于自动词语义上的特点，决定了其组合框架的特点。在语义知识库中，自动词除了形成基本语义框架“JS+HZD（施事 + 自动核）”外，还可以形成诸多变体形式，具体分析如下。

1. JS+HZD，框架含义是“施事 + 自动核”。该框架类型作为施事角色与自动类谓词同现形成的基础语义框架，在语义知识库中的频度达到了 532 次。如：

小童 /mcw［JS］《S》清晨 /sj［JSJ］《D》醒来 /zd【HZD】

2. JS+HZD+JWZ，框架含义是“施事 + 自动核 + 位置”。该框架在语

义知识库中的频度是 27 次。如：

哈尔威 /mc 船长 /mc［JS］《S》站 /zd【HZD】《V》在 /jy 指挥台 /mc 上 /kj［JWZ］

3. JS+JWZ+HZD，框架含义是“施事 + 位置 + 自动核”。该框架在语义知识库中的频度是 13 次。如：

一 /sl 个 /lb 牧童 /mc［JS］《S》在 /jy 村边 /kj［JWZ］《D》放羊 /zd【HZD】

4. JS+JDZ+HZD，框架含义是“施事 + 对者 + 自动核”。该框架在语义知识库中的频度是 7 次。如：

狼 /mdw［JS］《S》对 /jy 鹿 /mdw［JDZ］《D》下毒手 /zd【HZD】

5. JS+JTZ+HZD，框架含义是“施事 + 替者 + 自动核”。该框架在知语义识库中的频度是 3 次。如：

勾践 /mc 夫妇 /mcw［JS］给 /jy 吴王 /mc［JTZ］《D》养马 /zd【HZD】驾车 /zd【HZD】

6. JS+JXZ+HZD，框架含义是“施事 + 向者 + 自动核”。该框架在语义知识库中的频度是 10 次。如：

小英 /mcw［JS］《S》向 /jy 大家 /cd［JXZ］《D》深深地 /fs［JCD］《D》鞠躬 /zd【HZD】

7. JS+JFW+HZD，框架含义是“施事 + 方位 + 自动核”。该框架在知语义识库中的频度是 12 次。如：

一 /sl 只 /lb 狐狸 /mdw［JS］《S》从 /jy 老虎 /mc 身边 /kj［JFW］《D》窜 /zd【HZD】过 /st

8. JS+HZD+JCS，框架含义是“施事 + 自动核 + 处所”。该框架在语义知识库中的频度达到了 63 次。如：

小鸟 /mdw［JS］《S》去 /zd 了 /st【HZD】许多 /sl 地方 /mc［JCS］

9. JS+JCS+HZD，框架含义是“施事 + 处所 + 自动核”。该框架在知识库中的频度达到了 40 次。如：

八路军 /mc 战士 /mqt［JS］《S》从 /jy 山上 /kj［JCS］《D》冲 /zd【HZD】《V》下来 /qx［JQX］

可见，这些变式都是在基本语义框架“JS+HZD”的基础上增加相应的附加角色范畴递归形成的。但无论如何变化，其底层的角色框架都是“JS+HZD”。例如，根据所关涉的角色类型，“打”共归纳出两大类43种句型形式。两个大类分别是JS + JSS + HXD和JS + HXD + JCH，其中前者包括30种，后者13种。

三、语义句模知识库的构建

句模系统的构建是句法语义理论体系中的重要环节之一。从句法语义处理的角度来看，句模是句子生成的关键环节。在句法语义理论中句模系统的建构是连接语义理论与语言信息处理的桥梁。“深度语义标注语料库”所采用的语义标注系统的主干分为陈述结构范畴和指称结核范畴。在归纳和提取句模系统时，主要考虑陈述结构范畴的标注情况。以动核为根基，提取与之搭配的句法语义范畴来归纳句子的语义类型。

苏教版九年制中小学语料（不含古文）共计70多万字，包含10 477个句子，每个句子都至少包含一个陈述结核范畴。“深度语义标注语料库”的句法语义范畴体系中共涉及陈述结核范畴8类19个，基本角色范畴8类36个，附加角色范畴5类28个。总库共标记陈述结核范畴的个数为30 923个，这约3万个陈述结核范畴分属于19个类型，都有与其固定搭配的基本角色范畴。陈述结核范畴与基本角色范畴是句法语义的主干，抓住这两者间的语义搭配关系是进一步语义分析的关键。

本文从“深度语义标注语料库”中提取句模时主要采用了以下策略。

1. 以完整的句子为单位。为了保证句模抽取时的完整性，提取时以一个完整的语句表达为单位。

2. 以结核范畴为核心，提取标注语料库中的句模时，需要以“【 】”作为抽取的核心标记，提取相同的陈述结核范畴，进而分别统计各个范畴的频度。

3. “深度语义标注语料库”的句法语义范畴中包含了6类语气范畴，

在语义标注的过程中对语料中完整的句子表达都进行了语气范畴的标注。因此本文在编写语义句模提取软件时，以语气范畴为依据，以“{}”为标记来抽取句子。

4. 在抽取时可根据需要保留句子中所有的标点符号，这样不仅可以表示句模内部的层次关系，同时也可为以小句为单位抽取句模提供基础。

我们开发的语义句模抽取、统计工具如图 7.6 所示。

图 7.6　语义句模抽取、统计工具

例如：通过对标注语料的抽取、统计可将施动类基干句模归纳为：

（1）自动类基干句型

①［JS］+【HZD】

例如：他［JS］来【HZD】了。{YCS}

②［JZI］+【HZD】

例如：雨［JZI］下【HZD】了。{YCS}

（2）协动类基干句模归纳为：

①［JS］+【HXD】+［JSS］

例如：他［JS］吃【HXD】过饭［JSS］了。{YCS}

② [JS]+[JGO]+【HXD】

例如：他[JS]与小丽[JGO]结婚【HXD】了。{YCS}

③ [JS]+【HXD】+[JCH]

例如：小外甥[JS]打了【HXD】个呵欠[JCH]。{YCS}

④ [JS]+【HXD】+[JYS]+[JSS]/[JSS]+[JS]+【HXD】+[JYS]

例如：他[JS]仿佛（PTC）在给人[JYS]下达【HXD】命令[JSS]。{YCS}

⑤ [JS]+[JGJ]+【HXD】+[JSS]/[JS]+【HXD】+[JGJ]

例如：她们[JS]用钢铁般的意志[JGJ]敲开了【HXD】文学圣殿的大门[JSS]。{YCS}

⑥ [JS]+[JCL]+【HXD】+[JSC]/[JS]+【HXD】+[JCL]

例如：我[JS]无法（PYN）用文字[JCL]准确形容【HXD】那花瓣的色彩[JSS]。{YCS}

（3）施言类基干句模归纳为：

[JYH]+【HYY】+[JSY]

例如：北风[JYH]得意地说【HYY】："哈哈/sz[DGT]，大家[JGS]都[JFV]怕【HGZ】我[JSG]。{YCS}"[JSY]。{YCS}

第四节　基于语义句型框架的语义角色标注研究

现有的语义角色标注大都是基于句法分析结果的，即对句法树上的节点进行语义角色识别和分类。本文提出了一种与之不同的处理策略，我们称之为基于语义词类和语义框架的语义角色标注。在新的方法中，语义角色标注的流程不再是传统的"句法分析–语义角色识别–语义角色分类"，而是根据句中核心谓词对应的语义句型框架中需要出现的语义角色和句中语义词类可能对应的语义角色进行匹配。例如：我们/cd 要/pg 送/xd 您/cd 一/sl 支/lb 歌/mzp。核心谓词为"送"，其语义句型框架为"JS+HXD+JYS+JSS" 框架含义是"施事+协动核+与事+所受"，那么根据句型框架和各语义词类可对应的语义角色类型，我们就比较容易完成角色标注。因此，该方法可以大大缩小角色识别和分类的范围，提高了系统的性能和精度。

本文从语义句型框架库中，挑选那些句子个数相对较多的句型框架20个，将其相应的所有句子构成训练集和测试集，用于模型的训练和测试。一般来讲，利用机器学习的方法进行语义角色的标注，其关键在于特征的提取和特征的选择。本文使用条件随机场模型建立语义角色标注模型，并使用了一种使用统计正交表的特征模板优选方法。

一、语义角色的标注策略

考虑到目前深度语义标注库的语料规模还不大，本文将语义角色标注的任务规定为：对于一个汉语句子，在给定核心谓词及其所属语义句型框架的前提下，结合句中的语义词类标注，自动识别出目标词所支配的语义角色的边界，并标注出该目标词所支配的语义角色。

本文对所有例句采用IOB策略[①]，将语义角色标注转化为词层面的线性序列标注问题。因此，我们将语义角色自动标注分为如下四个步骤：

1. 框架的确定，根据句中的结核，确定谓词的语义框架。
2. 边界识别，自动识别出句子中语义角色块边界。
3. 角色分类，自动标注语义角色的类型。
4. 后处理，针对标注串明显标注错误进行后处理，输出正确的语义角色标注结果。

目前，在语义角色标注中，角色的识别和标注有两种处理策略。根据策略的不同，就有两种标注方式。第一种是将边界识别和角色分类一起做，称为一步策略。其标注集合为{B–X，I–X，O}，其中X为语义角色标记。

---

① Ramshaw LA，Marcus MP. Text chunking using transformation–based learning. In：Yarowsky D，Church K，eds. Proc. of the 3rd Workshop on Very Large Corpora. Cambridge：ACL Press，1995. 88–94.

示例如下：

他们 /cd|B-JS 给 /xd|O 攀上 /xd|B-JYS 树梢 /mc|I-JYS 等待 /xd|I-JYS 了 /st|I-JYS 近 /xd|-JYS I 九 /sl|-JYS I 个 /lb|I-JYS 小时 /jw|I-JYS 的 /zg-JYS |I 小 /xz|I-JYS 江珊 /mc|I-JYS 以 /jy|O 生 /zd|O 的 /zg|O 希望 /mc|B-JSS。

其中，“给”是核心谓词，基本语义框架是：JS+HXD+JYS+JSS，框架含义为“施事 + 协动核 + 与事 + 受事”。B-JYS 表示受事角色的开始，I-JYS 表示受事角色的延续，O 表示不是语义角色。

另外一种标注策略是边界识别和角色分类分步做，这种情况下的边界识别时的标记集合是 {B，I，O}，示例如下：

他们 /cd|B 给 /xd|O 攀上 /xd|B 树梢 /mc|I 等待 /xd|I 了 /st|I 近 /xd|I 九 /sl|I 个 /lb|I 小时 /jw|I 的 /zg|I 小 /xz|I 江珊 /mc|I 以 /jy|O 生 /zd|P 的 /zg|O 希望 /mc|B。

在进行角色分类时，其任务是已知角色的边界，标注角色的类型，基于词序列的 IOB 策略的标记集合为 {B-X I-X，O}，其中，X 为语义角色标记，标记记号与一步策略时相同。

二、结核的确定

在语义角色标注中，结核的确定也就是句子中核心谓词的确定是非常关键的一步。因为结核确定了，相应的语义句型框架也就确定了。在我们的深度语义标注语料库中，语义词类标记集的陈述类和句法语义范畴的陈述结核范畴存在着直接的对应关系。根据句中陈述类的语义词类标记很容易确定对应的具体陈述结核范畴类型。其中只有性状核和状态核没有直接对应的语义词类（在本文的标注实验中暂不考虑这两类）。语义词类的陈述类标记和陈述结核范畴标记的对应关系如下表所示。

表 7.2

	陈述结核名称	陈述结核标记	语义词类名称	语义词类标记
施动类	自动核	HZD	自动词	zd
	协动核	HXD	协动词	xd
	施言核	HYY	言语词	yy
祈使类	祈使核	HQS	祈使词	qs

续表

	陈述结核名称	陈述结核标记	语义词类名称	语义词类标记
参与类	加入核	HJR	加入词	jr
	担任核	HDR	担任词	dr
遭致类	遭遇核	HZY	遭遇词	zy
	致使核	HZS	致使词	zs
	致变核	HZB	致变词	zi
存有类	存现核	HCX	存现词	cx
	变化核	HBH	变化词	bh
	领有核	HLY	领有词	ly
感知类	感知核	HGZ	感知词	gz
评判类	判断核	HPD	判断词	pd
	比喻核	HBY	比喻词	by
	评价核	HPJ	评价词	pj
性状类	显示核	HXS	显示词	xs
	性质核	HXZ		
	状态核	HZT		

三、条件随机场（CRF）简介

条件随机场（Conditional Random Fields，CRF）是 Lafferty 于 2001 年，在最大熵模型和隐马尔可夫模型的基础上提出的一种判别式概率无向图学习模型。是近年来在自然语言处理领域常用的统计模型之一，因其强大的表达能力和出色的性能，得到了广泛的应用，如句法分析、命名实体识别、词性标注等。简单地讲，随机场可以看成是一组随机变量的集合（这组随机变量对应同一个样本空间）。当给每一个位置按照某种分布随机赋予一个值之后，其全体就叫作随机场。条件随机场特别擅长处理序列标记问题，能够考虑长距离依赖的特征，这是许多序列标注任务选择它的一个主要原因。其公式表示为：

$$y'=\arg\max p_{\lambda}(\bar{y}|\bar{x})$$

$$=\arg\max \frac{1}{Z_{\lambda}(\bar{x})}\exp\left(\sum_{j=1}^{n}\sum_{i=1}^{n}\lambda_i f_i(y_{i-1}, y_i, \bar{x}, j)\right)$$

$p(y|x)$ 是求在 λ 参数制约下类别向量 y 的条件概率。

$Z(x)$ 是归一化因子。n 是序列长度，m 是特征函数个数。特征函数

f_i有两种：一是状态特征函数，二是转移特征函数。

CRF 与其他标注模型相比有不少优点。

1. 特征设计灵活。CRF 没有 HMM 那样严格的独立性假设条件，因而可以容纳任意的上下文信息。而隐马尔可夫模型（HMM）最大的缺点就是限制了特征的构造，由于其输出独立性假设，导致不能提取上下文的特征。

2. 由于 CRF 计算全局最优输出节点的条件概率，客服了最大熵马尔可夫模型标记偏执缺点。而最大熵马尔可夫模型（MEMM）虽然不必要求独立性假设，特征的构造方面也较为灵活、方便，但由于它是在单个标注单元的归一化，所以对整个标注序列存在标注偏执问题。

3. 条件随机场不是在序列的单个节点进行归一化，而是对所有节点进行全局归一化。因此可以求得全局的最优解。

CRF 的缺点是训练代价大，复杂度高。

用条件随机场模型进行训练有两个输入文件，一是训练语料，二是特征模板。训练语料有特定的格式要求，它由若干行组成，每行的列数必须相同，第一列是待分类的 token，最后一列是类别标记。若干个连续的词形组成一个句子，每个句子后面有一个空行，文件结束时再加一个空行。

目前常见的 CRF 工具包有 POCKET CRF，FLEXCRF 和 CRF++，网上也有一些它们三者之间的对比报告，个人感觉 CRF++ 在易用性，稳定性和准确性等综合方面的表现最好。CRF++ 是一个比较小巧的工具，并且具有跨平台性，代码量也不大，程序分为两个大模块，分别是 Encoder 和 Decoder，Encoder 对应于训练阶段，而 Decoder 对应于测试或者使用阶段。Encoder 会根据训练数据和模板文件，训练产生一个模型文件，然后 Decoder 利用模型文件来做对应的实际序列输出。

四、特征描叙和特征选择

当前，语义角色标注的主要实现手段仍然是基于有监督的机器学习，越来越多的学者发现影响系统性能的最大因素往往不是机器学习算法，而是所采用的特征，也就是说，采用相同特征不同算法的系统性能差别并不是太大。构建良好的特征以及特征信息的有效利用是提高机器学习性能的关键。因此，如何寻找更有效的特征是十分重要工作。条件随机场模型的特征定义比较灵活。一般可以通过定义各特征的窗口长度，来有效地描述标注单元与其上下文的某种依赖关系。较大的窗口往往能体现标注单元与其上下文之间长距离的特征信息的依赖关系。当然，并不是将窗口定义得越大越好，窗口大了会导致出现数据稀疏，使得模型的泛化能力下降。因此在实验中均需要将每种特征（包括组合特征）相应的窗口调整到合适的大小，来有效反映依赖性。这是 CRF 模型中特征选择的重要环节之一。

特征模板是训练模型必不可少的条件，它的主要功能是定义上下文中某些特定位置的语言成分或信息对当前词的出现概率是否有影响。特征模板一般包括词语的位置参数和语法属性信息参数。

特征模板的基本格式是 %x [row，col]，其中 row 表示与当前 token 相对的行数，col 表示列的绝对位置。特征可分为原子特征，一元复合特征和二元特征。表 7.3 是一个 CRF 特征模板样本及其意义解释。

表 7.3　CRF 特征模板样本

模板	意义
# Unigram	以 # 开头的是注释
U01:%x [-1，0]	以前一词作为特征（原子特征）
U02:%x [0，0]	以当前词作为特征（原子特征）
U03:%x [1，0]	以后一词作为特征（原子特征）
U04:%x [-1，1]	以前一词的词类作为特征（原子特征）
U05:%x [0，1]	以当前词的词类作为特征（原子特征）
U06:%x [1，1]	以后一词的词类作为特征（原子特征）
U07:%x [-1，0] %x [-1，1]	以前一词及其词类拼接在一起作为特征（一元复合特征）
U08:%x [0，0] %x [0，1]	以当前词及其词类拼接在一起作为特征（一元复合特征）
U09:%x [1，0] %x [1，1]	以后一词及其词类拼接在一起作为特征（一元复合特征）
#Bigram	
B	以类别标记的二元同现作为特征（二元特征）

使用 CRF 工具的用户必须自己定义特征模板，系统根据模板学习特征函数，形成模型。模板可以分为一元模板（Unigram template）和二元模板（Bigram template）。一元模板在模板文件中以“U”开头，CRF 根据特征选择产生对于当前 token 标志的特征函数集合；二元模板在模板文件中以

"B"开头，系统自动产生当前输出 token 标志与前一个 token 标志的组合的特征函数集合，CRF++ 只允许有一个二元特征模板[①]。

特征按照组合方式分为原子特征和复合特征。原子特征只考虑一个特征类别。例如当前词及前后词的词形，即 W-2，W-1，W0，W+1，W+2……。复合特征是两个或两个以上的特征组合，如考察词形和词类的复合特征，即 W-1/P-1，W0/P0，W+1/P+1……。通过特征模板的使用可以方便获得我们所需要的特征函数。

在语义角色标注模型中，决定当前词语的语义角色标记除了当前词本身所具有的信息外，很大程度上还依赖于它相邻的词的信息。特征的选择可以从词形、词性、词类、语义角色初步标注符号等几个方面入手。在模型中，本文可以使用开窗口的方式来对当前词所处的环境进行扩展。借助于开窗口的方式，本文还可以针对每种特征引入相应的二元组特征和三元组特征，以及不同特征之间的搭配特征。针对上述提到的四种特征，根据目前语料库的情况，我们可以总结出如下基本特征。

词特征：指当前所要标注的词条。

词类特征：指当前所要标注的词条的词类。

位置特征：指当前标注的词条相对于目标词的位置。

目标词特征：指当前标注的词条所在句子的目标词。

其中，词特征可能出现稀疏问题。词特征使用当前所要标注的词语作为词条。由于我们的语料库规模还不大，不可能所有的词条都会出现，这使得训练集中的词条难以覆盖测试集中的词条。另外，训练集中出现的词，在测试集中不一定会出现，所以词特征稀疏问题在这里可能表现得比较严重，词特征稀疏问题也是造成模型泛化性较差的一个原因。

位置特征是一个三元特征，取值为：{L， R， T}，其中 "L"表示当前要标注的词条位于目标词条的左边。[②] 同样， "R"表示当前要标注的词

① 陈慧炜 . 刑事案件文本信息抽取研究 [D] . 南京师范大学， 2011 年 .

② 王蔚林 . 基于最大熵模型的汉语框架语义角色自动标注 [D] . 山西大学，2010 年 .

条位于目标词条的右边。“T”表示当前要标注的词条为目标词条。本特征可能会对一些特定的语义角色起到好的作用。因为一些语义角色在汉语句子中只会出现在目标词的左边或者目标词的右边，所以位置特征会对这些语义角色提供一些帮助信息。这对于统计模型的来说，无疑是一个比较好的特征。除了上述特征以外，我们还考虑了这些特征的二元组合、三元组合特征、两两组合特征。在基本特征上，新增的这些组合特征如下。

1. 相邻词的二元组合特征。
2. 相邻词词类的二元组合特征。
3. 相邻词的位置的二元组合特征。
4. 相邻词的位置的三元组合特征。
5. 词与其词类的搭配特征。
6. 词与位置的搭配特征。
7. 词类与词的位置的搭配特征。
8. 词与目标词的搭配特征。

另外，在语义角色标注中，当前词语义角色不仅与当前词本身所具有的信息有关外，还与它所处的上下文信息有关。我们通过对每个特征开窗口来描述当前词块的上下文信息，窗口越大包含的上下文信息越多，但窗口不宜过大，否则会导致特征稀疏。本文中将特征窗口定义在 3 以内，并给出各特征窗口的大小，如下表 7.4 所示。

表 7.4　候选特征及其窗口大小

序号	特征类型	可选窗口大小			
1	词	[0，0]	[−1，1]	[−2，2]	[−3，3]
2	相邻词的二元组合	–	[−1，1]	[−2，2]	[−3，3]
3	词类	[0，0]	[−1，1]	[−2，2]	[−3，3]
4	词类的二元组合	–	[−1，1]	[−2，2]	[−3，3]
5	词相对于目标词的位置	[0，0]	[−1，1]	[−2，2]	[−3，3]
6	相邻词位置的二元组合	–	[−1，1]	[−2，2]	[−3，3]
7	词与其词类的搭配	–	[0，0]	[−1，1]	[−2，2]
8	词与其位置的搭配	–	[0，0]	[−1，1]	[−2，2]
9	词类与词的位置的搭配	–	[0，0]	[−1，1]	[−2，2]
10	相邻词的位置的三元组合	–	[−2，0]	[−1，1]	[0，2]
11	词与目标词的搭配	–	[0，0]		
12	目标词	[0，0]			

候选特征中，每个特征在给定窗口的条件下，就构成一组特征模板。使用该组特征模板时是，我们需要注意以下几点。

1. 每个模板所包含的特征中，每个特征只对应一个窗口，“–”表示该特征不选取。

2. [m，n]（m 和 n 为正整数）表示窗口的大小，其中，m 和 n 分别代表当前标注单位的左边和右边分别开 m 和 n 大小的窗口（一般选择同样大小的对称窗口）。

3. 当前词、当前词的词类和当前词相对于目标词的位置为基本特征。窗口大小的选择有 4 种，窗口最小为 [0，0]，所以这 3 个为必选特征，只是在不同模板中窗口大小不一样。

4. 根据我们语义角色标注的任务，目标词为必选特征，在每个训练模板中都要有，窗口只需要取 [0，0]。

5. 对词的二元组合特征，由于窗口 [0，0] 中只容纳一个标注单位，无法构成二元组合，因此词的二元组合特征窗口没有 [0，0] 的情形，其他特征情况类似。

第五节　测试及结果分析

一、实验语料来源

实验所用语料是从语义句型框架中选择例句个数较多的自动类和协同类的 10 种语义句型框架。本文将所选语料例句 2270 拆分为 D1，D2，D3，D4 四份，由于目前语料规模不大，所以采用 2–fold 交叉验证进行实验。也就是任取 2 份作为训练集，其他 2 份作为测试集，这样共可以做 3 组 2–fold 交叉验证，最终的评价指标以 3 组交叉验证实验的 F1– 值的平均值来评价标注模型的性能。实验所选数据如表 7.5 所示：

表 7.5　实验所选语义句型框架及例句数表

语义句型框架	框架元素个数	例句个数
[JS]+【HZD】	2	257
[JZI]+【HZD】	2	232
[JS]+【HXD】+[J JZI]+【HZD】+[JSS]	5	145
[JS]+[JGO]+【HXD】	3	199
[JS]+【HXD】+[JCH]	3	233
[JS]+【HXD】+[JGJ]	3	322
[JS]+[JGJ]+【HXD】+[JSS]	4	124
[JS]+【HXD】+[JYS]+[JSS]	4	167
[JSS]+[JS]+【HXD】+[JYS]	4	231
[JS]+[JCL]+【HXD】	3	360
总计		

二、评价方法

语义角色自动标注正确指的是语义角色的边界和类型均完全识别正确。在测试集上对每个框架的所有语义角色，采用信息检索中的准确率((precision)、召回率(recall)和F1–值来评价标注模型的性能。

它们的定义分别为：

准确率P=正确标注为语义角色的个数/自动标注为语义角色总数

召回率R=正确标注为语义角色的个数/测试集中语义角色总数

F值=2×准确率×召回率/(准确率+召回率)

若重复使用交叉验证，则最终的评价指标以几组交叉验证实验的准确率、召回率的平均值而计算出的F值来评价标注模型的性能。

三、实验结果及分析

实验所用CRF++工具包来自Sourceforge[①]，使用其中的CRFL2算法，并选取C=1进行参数平滑。实验分成将语义角色边界识别和角色分类同时

① http://crfpp.sourceforge.net.

进行一体化策略和边界识别、角色分类分步进行的策略两种情况的实验。

1. 基于边界识别与角色分类同时进行的一体化策略的实验结果

实验标注步骤：一步策略，边界识别和角色分类一起做。

表 7.6 给出了三组交叉验证的实验结果。

表 7.6　一体化策略的三组交叉验证的实验结果

————	2–fold 交叉验证 第一组		2–fold 交叉验证 第一组		2–fold 交叉验证 第一组	
训练、测试集组成	D1，D2〈–〉D3，D4		D1，D3〈–〉D2，D4		D1，D4〈–〉D2，D3	
最好模板结果	78.1%	78.4	77.6	77.8	77.7	78.1
每组平均值	78.3%		77.7%		77.9%	
总均值 F	78%					

得出的最优模板组合如表 7.7 所示。

表 7.7　一体化策略的最优模板组合

序号	特征类型	最优模板
1	词	[0，0]
2	相邻词的二元组合	–
3	词类	[–3，3]
4	词类的二元组合	[–1，1]
5	词相对于目标词的位置	[–1，1]
6	相邻词位置的二元组合	[–3，3]
7	词与其词类的搭配	[–1，1]
8	词与其位置的搭配	[–2，2]
9	词类与词的位置的搭配	[–1，1]
10	相邻词的位置的三元组合	–
11	词与目标词的搭配	–
12	目标词	[0，0]

2. 边界识别、角色分类分别进行的分步策略实验结果

标注步骤：两步策略，先边界识别，再角色分类。

标注模型：边界识别是所有框架用同一个模型，角色分类是每个框架用不同的模型。

表 7.8 给出了三组交叉验证的实验结果。

表 7.8　分步策略的三组交叉验证实验结果

2-fold 交叉验证	边界识别			分类	总计
	召回率	准确率	F 值	准确率	F 值
D1，D2〈-〉D3，D4	73.5	81	77.1	92.1	77.6
	72.3	79.5	75.7	91.2	78.1
D1，D3〈-〉D2，D4	70.4	77.5	73.8	91.4	77.6
	71.4	78.4	74.8	91.7	77.3
D1，D4〈-〉D2，D3	69.5	78.1	73.5	92.3	77.2
	70.9	77.9	74.2	92.1	77.8
平均值	71.3	78.7	74.5	91.8	77.6

得出的边界识别最优模板组合如表 7.9 所示。

表 7.9　分步策略的最优模板组合

序号	特征类型	最优模板
1	词	[0，0]
2	相邻词的二元组合	[-2，2]
3	词类	[0，0]
4	词类的二元组合	[-1，1]
5	词相对于目标词的位置	[-3，3]
6	相邻词位置的二元组合	[-1，1]
7	词与其词类的搭配	[-2，2]
8	词与其位置的搭配	[-2，2]
9	词类与词的位置的搭配	[-2，2]
10	相邻词的位置的三元组合	-
11	词与目标词的搭配	[0，0-]
12	目标词	[0，0]

3. 实验结果分析

（1）目前系统标注性能不高的主要原因是特征数据稀疏的影响。例如，那些在测试集中出现而在训练集中未出现的词的标注正确率较其他词明显偏低。

（2）基于边界识别与角色分类同时进行的一体化标注性能不高的主要原因是语义角色的边界识别正确率还有待提高。

（3）观察两种标注策略实验可以发现，两种不同的标注策略在 F 值上并没有太大差别。分步标注的策略性能要略低于一体化策略性能，其原因可能是系统将边界识别的错误带入角色分类时，给分类带来了偏误的结果。

（4）虽然一体标注策略和分步策略的无显著差异，但对比两者的准确率和召回率指标可以发现将一体标注的边界识别和角色分类同时进行，可以得到较高准确率。而按照分步策略，系统的召回率有显著的提高，这可能是因为分步标注法的识别阶段可以更有效地区别论元和非论元，因而识别出了更多的论元，提高了召回率。

（5）对比两种策略的值的标准差可以发现两步策略的性能指标的波动程度要比一步策略的波动程度明显增加。这基本符合客观实际。因为，在一体策略情形下，每个框架单独训练模型，框架的语义角色相同，训练数据具有一致性。

4. 基于语义词类和语义句型框架的语义角色标注的优点

与现有的一些语义角色标注方案相比，本文的角色标注方案具有如下优点。

（1）理论指导方面具有先进性。现有的语义角色标注大多是基于语形语法的“句法成分 – 语义角色”接口研究，采用语形语法为主、句法语义为辅的思路，基于句法结构的二重性，在句法层面考虑二者之间的对应和投射关系。而我们是基于“词汇语义 – 句法语义”衔接研究，是以语义为本，词汇语义与句法语义属于同一层面，语义词类的划分主要是为句法语义范畴提供支持且与句法语义范畴的分析是相辅相成的。

（2）方法的简便性。传统的语义角色标注的思路是“句法分析 – 语义角色识别 – 语义角色分类”，我们是根据句中核心谓词对应的语义句型框架中需要出现的语义角色和句中语义词类可能对应的语义角色进行匹配。那么根据句型框架和各语义词类可对应的语义角色类型，就比较容易完成角色标注，该方法可以大大缩小角色识别和分类的范围，提高了系统的性能和精度。

（3）较好地解决了传统语义角色中核心谓词确定难的困惑。在传统的语义角色标注中，核心谓词的确定是很困难的事，也是影响标注效果性能的重要因素之一。我们语义词类中的陈述类和句法语义范畴的陈述结核范畴存在着直接的对应关系。根据句中陈述类的语义词类标记很容易确定对应的具体陈述结核范畴类型，从而较好地解决了传统语义角色标注中确定核心谓词的难题。

（4）提高了开发效率。在基于语义框架的语义角色标注中，动词的语义框架的设计一般是依靠人工总结归纳的方法进行，比较费时费力。我们是直接从已标注了句法语义范畴的语料库中提取语义句型作为语义框架，从而大大提高了开发效率，缩短了开发周期。

四、句法语义范畴辅助标注工具功能介绍

为了加快人工句法语义标注、校对的效率，提高标注的一致性，我们开发了句法语义范畴辅助标注工具。该工具具有如下功能。

1. 以下拉列表形式分类列出句法范畴的所有标记，减少输入错误。

2. 点击下拉列表中的选项，即可把该选项标记自动插入当前光标位置。

3. 可对标注内容进行查找替换批处理。

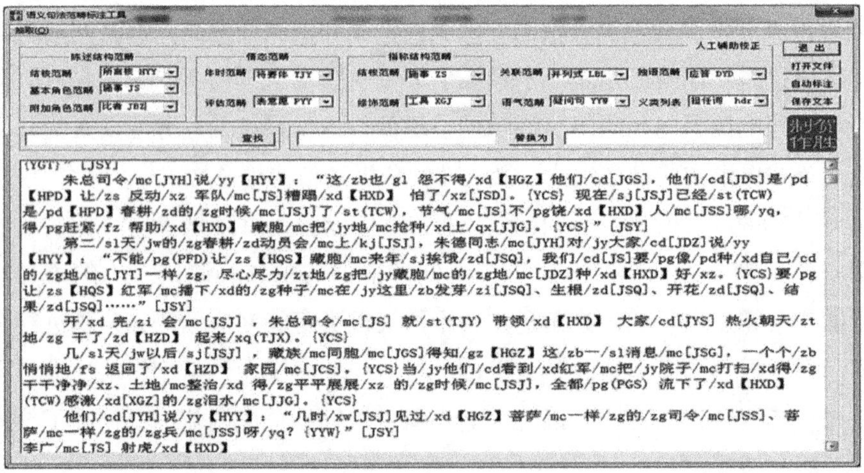

图 7.7

结 论

本书在语义语法学理论指导下，围绕现代汉语深度语义标注语料库的建设和应用，开展了一系列的相关技术研究。研究结论及主要成果概括如下。

一，语义词类的划分和句法语义的分析是语义语法学的基础研究，两者之间相辅相成。只有在句法语义框架的制约下，语义词类的划分才可能摆脱盲目性。也只有在语义词类的划分的基础上，句法语义范畴的标注才可能提高精准度。目前国内外语义词典中的语义分类体系更多的是基于自然科学或常识，与这些基于常识的各种语义分类相比，我们研制的语义词类其突出特点就是语义分类取决于句法语义分析的需要，可以解决一些仅靠句法层面的知识难以解决的问题，形成了一套面向计算机语言处理的独特的标注体系，对中文信息处理中的句法语义自动分析具有重要意义。

二，自然语言的语义分析和内容信息的理解、生成，离不开语义知识库的支持，它是帮助计算机“了解”人类语言的一个媒介和手段，也是让计算机逐渐“智能”起来的物质前提，是自然语言处理不可或缺的基础资源。其规模和质量在很大程度上决定了自然语言处理系统的成败。根据语义词类的自动标注和句法语义范畴的自动标注研究的需要，我们进行了相关语义知识库的建设：1. 开发收集、制作了四万多条的语义词类词典，标注了词性、词类和频率等信息，为语义词类的自动标注提供了语言知识支持；2. 建立了语义词类与句法语义范畴对应关系知识库、语义句型框架库、语义句模知识库，为后续的句法语义研究和应用奠定了更好的基础。

三，中文语义词类的自动标注从其技术实现层面上看，可借鉴中文词性的自动标注技术进行处理。目前，对于中文的词性标注的研究已有30多年了，技术比较成熟，标注精度较高。针对语义词类的自动标注，我们设计了基于隐马模型的标注算法，结合基于动态规划的Viterbi算法，在训练语料规模偏小、数据稀疏较严重的情况下仍然取得了封闭测试正确率94.3%，开放测试正确率89.1%的效果。另外针对语义词类标注中的未登录词问题，提出了基于知网概念定义的未登陆词处理方案。经分析发现，语义词类系统和知网概念存在的对应关系主要体现在指称类－实体类、陈述类－事件类两个方面，并据此制订了相应处理规则。

四，语义角色标注是获取语义信息的一种重要手段。现有的许多语义角色标注都是在句法分析的基础上进行的，但由于现阶段中文句法分析器性能都比较低，基于自动句法分析的中文语义角色标注效果还不理想。为了解决这个瓶颈问题，本文提出了基于语义词类和语义句型框架的语义角色标注方法。采用IOB策略把语义角色标注问题当作是一个序列标注问题，利用CRF模型，结合优化的特征参数对语义角色进行识别和分类。由于避开了句法分析过程，使得语义角色标注摆脱了传统对句法分析的依赖，从而突破了汉语语法分析器的时间和性能限制，为去除句法分析影响语义角色标注性能提供了新的解决途径。新的方法可以取得较高的准确率，并且可以大大节省分析的时间，有利于实际应用。

五，语料库的建设和应用，离不开工具软件的支持，良好的软件工具使得项目工程所需投入的人力、费用减少到可以承受的程度。政治经济学的一个基本观点就是生产工具的使用水平反映出社会生产力发展的水平。从这一观点出发，我们在语言研究中使用什么样的研究工具、研究手段，就体现了语言研究的发展水平。因此，我们新世纪的语言研究要走向现代化，首先就应该实现研究工具、研究手段的现代化，走利用计算机工具软件全方位处理语言、研究语言之路。针对深度语义标注语料库的建设和应用需要，我们研制开发了语义词类词典制作工具、语义词类自动标注工具、语义词类检索统计工具、句法语义范畴检索统计工具、语义词类与句法语义范畴对应关系检索统计工具、句型抽取统计工具、句模抽取统计工具、句法语义范畴辅助标注工具等应用软件，为深度语义标注语料库的建设和应用提供了很好的技术支持。

六，基于语义词类自动标注和句法语义范畴中的语义角色标注研究，从实践上验证了语义语法学在自然语言处理中的可行性和实用性。本文的研究成果进一步丰富了语义语法学理论与方法，为实现汉语句子深层语义分析提供了新的途径，为自然语言处理领域基于语义分析的应用系统提供了一种新的技术支撑。

限于时间和个人精力，句法语义范畴系统的自动标注还不够全面和深入，仅就其中的语义角色部分进行了初步探讨，基于语义句型和语义词类的语义角色标注系统，目前还处于初始研究阶段，与基于句法分析的标注方法对比，其优越性还没有充分展现出来。未来的发展方向是：在深入研究语义词类和句法范畴的对应关系基础上，建设高质量句型框架库、语义词类与句法范畴关系库；探讨规则与统计相结合的方法，设计合理的算法模型，提取更多的特征参数，提高自动标注系统的性能。

参考文献

一、专著

[1] Landes，S，Leacock C. and Tengi R. Building Semantic Concordances. In Fellbaum C.（Ed.）.
[2] WordNet: an electronic Lexical database. MIT Press，Cambridge，1999
[3] Warren Warren. Translation. In：William N. Loeke & A Donald Booth. Maehine translation of languages. NewYork：John Wiley & Sons，1949
[4] 陈保亚.《20世纪中国语言学方法论》. 山东教育出版社，1999年.
[5] 陈昌来.《现代汉语动词的句法语义属性研究》. 学林出版社，2002年.
[6] 陈昌来.《现代汉语句子》. 华东师范大学出版社，2000年.
[7] 陈昌来.《现代汉语三维句法论》. 学林出版社，2005年.
[8] 陈昌来.《现代汉语语义平面问题研究》. 学林出版社，2003年.
[9] 陈昌来.《现代汉语语义平面研究》. 学林出版社，2003年.
[10] 陈小荷.《现代汉语自动分析—Visua1C++实现》.北京语言大学出版社，2000年.
[11] 丁声树等.《现代汉语语法讲话》. 商务印书馆，1961年.
[12] 范晓.《汉语的句子类型》. 书海出版社，1998年.

[13] 范晓.《汉语句子的多角度研究》. 商务印书馆. 2009 年.
[14] 冯志伟.《计算语言学基础》. 商务印书馆，2001 年.
[15] 贾彦德.《汉语语义学》. 北京大学出版社，1999 年.
[16] 李葆嘉.《理论语言学：人文与科学的双重精神》. 江苏古籍出版社，2001
[17] 李葆嘉.《语义语法学导论——基于汉语个性和语言共性的建构》. 中华书局，2007
[18] 李葆嘉.《中国转型语法学》. 南京：南京师范大学出版社，2008.
[19] 李临定.《现代汉语动词》. 中国社会科学出版社，1990 年.
[20] 李临定.《现代汉语句型》. 商务印书馆，1986.
[21] 林杏光.《词汇语义和计算语言学》. 语文出版社，1999.
[22] 林杏光.《现代汉语动词大词典》. 北京语言学院出社，1994.
[23] 刘宇红.《词汇与句法界而的双向互动研究》. 北京大学出版社，2013
[24] 鲁川.《汉语语法的意合网络》. 商务印书馆 2001..
[25] 鲁川.《知识工程语言学》. 清华大学出版社，2005.
[26] 陆俭明.《现代汉语句法论》. 商务印书馆，1993.
[27] 吕叔湘.《中国文法要略》. 商务印书馆，1941.
[28] 马庆株.《汉语动词和动词性结构》. 北京语言文化大学出版社 1992：.
[29] 马庆株.《汉语语义语法范畴问题》. 北京语言文化大学出版社. 1998：
[30] 梅家驹等.《同义词词林》. 上海辞书出版社，1983.
[31] 孟踪等.《动词用法词典》. 上海辞书出版社，1987 年.
[32] 曲维光.《现代汉语词语级歧义自动消解研究》. 科学出版社，2008.
[33] 邵敬敏.《汉语语法专题研究（增订本）》. 北京大学出版社，2009.
[34] 邵敬敏.《句法结构中的语义研究》. 北京语言文化大学出版社，1998.

[35] 沈园.《句法－语义界面研究》. 上海教育出版社，2007.

[36] 石定栩.《乔姆斯基的形式句法》. 北京语言文化大学出版社，2002:195

[37] 孙道功.《词汇—句法语义的衔接研究》. 世界图书出版公司，2011

[38] 俞士汶主编.《现代汉语语法信息词典（1998 年版）》. 清华大学出版社，1998 年.

[39] 朱晓亚.《现代汉语句模研究》. 北京大学出版社，2001.

[40] 宗庆成.《统计自然语言处理》. 清华大学出版社，2008.

二、期刊论文

[1] Abney S. Parsing by chunks.In:Berwick R，Abney S，Tenny C et al.Principle-Based Parsing [C]. Dordreeht:Kluwer Aeademie Publishers，1991:257-278.

[2] Baker CF，Fillmore CJ and Lowe JB. The Berkeley FrameNet project. In Morgan K ed.Proceedings of the COLING-ACL'98.Montreal: ACL，1998，86-90.

[3] Honglin Sun and Daniel Jurafsky. Shallow semantic parsing of Chinese. In:Proeeedings of NAACL2004，Boston，USA，2004.

[4] Mark Stevenson，Yorick Wilks. The Interaction of Knowledge Sources in Word Sense Disambiguation. Computational Linguistics，2001，Vol，27（3）:321-349

[5] N. Xue. Semantic Role Labeling of Chinese Predi-cates [J]. Computational Linguistics，2008，34（2）:225-255.

[6] Nianwen Xue and Marta Palme. Automatic semantic role labeling for Chinese verbs. In Proeeedings of IJCAI 2005.

[7] Nianwen Xue and Martha Palmer. Annotating the Propositions in the PennChinese Treebank. In The Proeeedings of the 2nd SIGHAN WorkshoP on Chinese Language Proeessing，Sapporo，Japan，2003.

[8] Sun Hl and Jurafsky D. Shallow semantic parsing of Chinese. In HirschbergJBed.Proceedings of NAACL–HLT 2004.Boston：ACL 2004. 249–256.
[9] 安强强，张蕾 . 基于依存树的中文语义角色标注 . 计算机工程，2010，36（4）161–163 .
[10] 毕玉德 . 关于语义信息处理的语义角色系统的构建 .《民族语文》，2003 年，第 3 期 .
[11] 陈桂林，王永成，韩客松，王刚 . 一种高效的中文电子词表数据结构[J]. 计算机研究与发展，2000，（01）:109–116.
[12] 陈丽江，陈小荷 . 统计和规则结合识别动词的跨分句论元 . 计算机工程与应用 2009，45.（16）.
[13] 陈群秀 . 一个现代汉语语义知识库的研究和实现［A］. 中国中文信息学会 . 中文信息处理前沿进展——中国中文信息学会二十五周年学术会议论文集［C］. 中国中文信息学会 :，2006:10.
[14] 陈小荷 . 一个面向工程的语义分析体系 . 语言文字应用，1998 年，第 2 期 .
[15] 陈耀东，王挺，陈火旺 . 浅层语义分析研究 . 计算机研究与发展，2008，（S1）:321–325.
[16] 程琪龙 . 语义框架和认知操作［J］. 外语教学，2007，（01）:1–4.
[17] 丁金涛，周国栋，王红玲，朱巧明 . 语义角色标注中有效的识别论元算法研究 . 计算机工程与应用，2008，（18）:153–156.
[18] 丁伟伟，常宝宝 . 基于语义组块分析的汉语语义角色标注 . 中文信息学报，2009，23（05）:53–61+74.
[19] 丁伟伟，常宝宝 . 基于最大熵原则的汉语语义角色分类 . 中文信息学报，2008，22（06）:20–26+68.
[20] 董振东，董强，郝长伶 . 知网的理论发现 . 中文信息学报，2007 年 7 月，第 21 卷，第 4 期 .
[21] 冯志伟 . 隐马尔可夫模型及其在自动词类标注中的应用［J］. 燕山

大学学报，2013，（04）:283-298.
[22] 郭嘉伟．汉语语义角色研究述评．牡丹江教育学院学报，2010年，第1期．
[23] 郝晓燕，刘伟，李茹，刘开瑛．汉语框架语义知识库及软件描述体系[J]．中文信息学报，2007，（05）:96-100+138.
[24] 郝秀兰，杨尔弘，舒鑫柱基于HowNet的事件角色语义特征提取．中文信息学报，第15卷，第5期，2011年3月．
[25] 何英玉．我国外语界句子语义研究综述．解放军外国语学院学报，2003（2）．
[26] 黄昌宁，童翔．汉语真实文本的语义自动标注．语言文字应用，1993，（4）
[27] 金澎，吴云芳，俞士汶．词义标注语料库建设综述．中文信息学报第22卷第3期2008年5月．
[28] 李葆嘉，李瑞．试论词汇系统的语义性本质．江苏大学学报（社会科学版），2007，（01）:83-88.
[29] 李葆嘉．词汇语义学史论的壮丽风景[J/OL]．江苏大学学报（社会科学版），2013，15（01）:1-14.
[30] 李葆嘉．汉语的词语搭配和义征的提取辨析．兰州大学学报，2003，（06）:1-9.
[31] 李葆嘉．汉语幼儿习义元语言研究．南京师范大学文学院学报，2015，（02）:159-166.
[32] 李葆嘉．汉语元语言系统研究的理论建构及应用价值．南京师大学报（社会科学版），2002，（04）:140-147.[2017-09-11].
[33] 李葆嘉．论20世纪中国汉语转型语法学．徐州师范大学学报，2002，（01）:1-8.
[34] 李葆嘉．论语言科学与语言技术的新思维．南京师范大学文学院学报，2002，（01）:177-184.
[35] 李葆嘉．语义语法学理论和元语言系统研究．深圳大学学报（人文

社会科学版），2003，（02）:105-110.

[36] 李国臣，吕雷，王瑞波，李济洪，李茹．基于同义词词林信息特征的语义角色自动标注．中文信息学报，2016，30（01）:101-107+114.

[37] 李济洪，王瑞波，王蔚林等．汉语框架语义角色的自动标注．Journal of Software，Vol.21，No.4，April 2010.

[38] 李军辉，王红玲，周国栋，朱巧明，钱培德．语义角色标注中句法特征的研究．中文信息学报，2009，23（06）:11-18.

[39] 李亮，齐望东．基于知网的关系网络的构建．解放军理工大学学报（自然科学版），第 6 卷第 5 期，2005 年 10 月．

[40] 李世奇，赵铁军，李晗静，刘鹏远，刘水．基于特征组合的中文语义角色标注．软件学报，2011，22（02）:222-232.

[41] 李业刚，孙福振，李鉴柏，吕新宇．语义角色标注研究综述．山东理工大学学报（自然科学版），2011，25（06）:19-24.

[42] 刘怀军，车万翔，刘挺．中文语义角色标注的特征工程．中文信息学报，2007，21（1）：79-84.

[43] 刘开瑛．汉语框架语义知识库构建工程［A］．中国中文信息学会．中文信息处理前沿进展——中国中文信息学会二十五周年学术会议论文集［C］．中国中文信息学会：，2006:8.

[44] 刘开瑛．汉语框架语义网构建及其应用技术研究．中文信息学报，2011，25（06）:46-52+62.

[45] 刘克强．语料库检索及处理分析软件 HyConc 功能与特点．兰州交通大学学报，2013，32（05）:93-95+119.

[46] 刘顺．句模结构中的强制性语义角色．南京社会科学，2005 年第 5 期．

[47] 刘挺，车万翔，李生．基于最大熵分类器的语义角色标注．软件学报，2007，（03）:565-573.

[48] 刘兴林．词汇语义知识库浅述［J］．福建电脑，2009，（09）:47-48.

[49] 刘秀芬．认知语言学中一组术语的对比分析［J］．安阳工学院学报，2005，（02）:111-116.

[50] 刘盈盈，罗森林，冯扬，韩磊，陈功，王倩 . BFS-CTC 汉语句义结构标注语料库［J］. 中文信息学报，2013，（01）:72-80.
[51] 刘勇，魏光泽 . 基于汉语框架的语义标注方法［J］. 计算机科学，2015，（S1）:98-101.
[52] 龙波，郭文 . 基于 FrameNet 的汉语语义框架网络自动构造 . 现代计算机，2010（2）.
[53] 鲁川，林杏光 . 现代汉语语法的格关系 . 汉语学习，1989（5）.
[54] 罗森林，刘盈盈，冯扬，韩磊，陈功，王倩 . BFS-CTC 汉语句义结构标注语料库构建方法［J］. 北京理工大学学报，2012，（03）:311-315.
[55] 吕雷 . 基于 CRFsuite 分类器的汉语框架语义角色标注 . 电脑开发与应用，2014，27（04）:8-11.
[56] 潘艳艳 . 框架语义学:理论与应用[J]. 外语研究，2003，(05):14-18+80.
[57] 齐璇，陈火旺 . ICENT 汉英机译系统中的语义模型［J］. 计算机科学，2002，（01）:44-46.
[58] 齐璇，马红妹，陈火旺 . 汉语的语义分析研究[J]. 计算机工程与科学，2001，（03）:89-92.
[59] 秦春秀，祝婷，赵捧未，张毅 . 自然语言语义分析研究进展 . 图书情报工作，2014，58（22）:130-137
[60] 秦小锋 . 语义形式化研究的利与弊初探 . 时代文学，2009（10）.
[61] 屈刚，陆汝占 . 一个改进的汉语词性标注系统[J]. 上海交通大学学报，2003，（06）:897-900.
[62] 曲维光，陈小荷，董宇，穗志方 . 基于语境计算模型的汉语词义消歧 . 广西师范大学学报（自然科学版），2006，（4）
[63] 邵艳秋，穗志方，吴云芳 . 基于词汇语义特征的中文语义角色标注研究 . 中文信息学报，2009，23（06）:3-10.
[64] 宋毅君，王瑞波，李济洪，李国臣 . 基于条件随机场的汉语框架语义角色自动标注［J］. 中文信息学报，2014，（03）:36-47.

[65] 孙道功，亢世勇，孙茂松. 面向语言处理的单句句型句模对应关系研究. 计算机工程与应用，2006（33）.
[66] 孙道功，李葆嘉. 词汇—句法语义贯通研究的新探索[J]. 语言文字应用，2009，（01）:143.
[67] 孙道功，李葆嘉. 试论析义元语言标记集的建构. 语言文字应用，2008，（02）:132–138.
[68] 孙道功，李葆嘉. 试论组合结构中词汇语义的变化. 南京师范大学文学院学报，2011，（04）:163–167.
[69] 王步康，王红玲，袁晓虹，周国栋. 基于依存句法分析的中文语义角色标注. 中文信息学报，2010，24（01）:25–29+47.
[70] 王朝静，郑庆华. 面向答疑文本的词类标注方法的研究与实现[J]. 计算机工程与应用，2004，（16）:57–60+74.
[71] 王惠，詹卫东，俞士汶. "现代汉语语义词典"的结构及应用[J]. 语言文字应用，2006，（01）:134–141.
[72] 王鑫，孙薇薇，穗志方. 基于浅层句法分析的中文语义角色标注研究. 中文信息学报，2011，25（01）:116–122.
[73] 王智强，李茹，阴志洲，刘海静，李双红. 基于依存特征的汉语框架语义角色自动标注. 中文信息学报，2013，27（02）:34–40.
[74] 吾买尔江·库尔班，阿里甫·库尔班. 基于配价的维吾尔语框架语义知识库的构建[J]. 中文信息学报，2007，（06）:36–42.
[75] 吴林静，劳传媛，范桂林，黄景修，刘清堂. 一种规则与统计相结合的应用题句子语义角色识别方法[J/OL]. 计算机应用研究，2018，（08）:1–7.
[76] 杨敏，常宝宝. 基于北京大学中文网库的语义角色分类. 中文信息学报，第25卷，第2期2011年3月.
[77] 易绵竹. 从计算语言学角度看语义角色问题. 解放军外国语学院学报，1998年，第4期.
[78] 尹一瓴，陈群秀. 现代汉语语义知识库用于句法分析的研究[J].

计算机应用，2004，（S2）:264-267.
[79] 于江德，王希杰，余正涛．基于最大熵模型的语义角色标注．微电子学与计算机 27 卷，第 8 期，2010 年 8 月．
[80] 于丽丽，丁德鑫，曲维光，陈小荷，李惠．基于条件随机场的古汉语词义消歧研究．微电子学与计算机，2009，（10）
[81] 袁毓林．论元角色的层级关系和语义特征．世界汉语教，2002 年第 3 期
[82] 袁毓林．语义角色的精细等级及其在信息处理中的应用．中文信息学报，2007，21（4）：10-20
[83] 詹卫东．确立语义范畴的原则及语义范畴的相对性．世界汉语教学 2001 年第 2 期（总第 56 期）．
[84] 张宝胜．德汉配价语法研究说略［J］．汉语言文学研究，2010，（01）:103-108.
[85] 张和生．汉语义类研究及其应用评析[J].北京师范大报(社会科学版)，2008，（05）:116-123.
[86] 张建理．词义场·语义场·语义框架［J］．浙江大学学报（人文社会科学版），2000，（03）:112-117.
[87] 张松炎，焦潇．格语法简述［J］．读与写（教育教学刊），2009，（09）:44+122.
[88] 赵红燕，李茹，张晟，张力文．基于 DNN 的汉语框架识别研究．中文信息学报，2016，30（06）:75-83.
[89] 周领顺．汉、英语义框架网络对比[J]．中国外语，2009，(04):47-53.
[90] 周强，孙茂松，黄昌宁．汉语句子的组块分析体系．计算机学报，1999，22（11）:1158-1165
[91] 朱倩，程显毅，韩飞．汉语句子语义三维表示模型[J]．智能系统学报，2009，（02）:122-130.

三、学位论文

[1] Mona Diab. Word Sense Disambiguation Within a Multilingual Framework. PhD Thesis. University of Maryland College Park，USA，2003.

[2] 白龙飞. 基于依存树的中文语义角色标注技术研究 [D]. 东北大学，2013.

[3] 白雪. 基于结构学习的语义角色标注 [D]. 北京邮电大学，2010.

[4] 曹茂诚. 基于本体的语义检索技术研究 [D]. 山东轻工业学院，2008.

[5] 常若愚. 汉语语义组块识别研究 [D]. 杭州电子科技大学，2015.

[6] 车万翔. 基于核方法的语义角色标注研究 [D]. 哈尔滨工业大学，2008.

[7] 陈菜芳. 基于知网和语义词类的语义角色标注研究 [D]. 南京师范大学，2013.

[8] 陈丽江. 汉语真实文本的语义角色标注 [D]. 南京师范大学，2007.

[9] 党帅兵. 基于词分布表征的汉语框架语义角色识别研究 [D]. 山西大学，2015.

[10] 丁伟伟. 基于多种标注单元的汉语语义角色标注研究 [D]. 北京大学，2009.

[11] 段弯弯. 基于语义知识库的基本角色范畴句法实现的语义制约研究 [D]. 南京师范大学，2016.

[12] 段潇雪. 句法语义范畴和语义句模研究 [D]. 南京师范大学，2013.

[13] 韩星. 题元与配价的关系 [D]. 黑龙江大学，2006.

[14] 何婷婷. 语料库研究. 华中师范大学 [D]，2003.

[15] 贺民. “A_单 + 着” 结构句法语义功能研究 [D]. 上海师范大学，2009.

[16] 贺胜. 面向现代汉语文本处理的全文检索、自动分词通用系统 [D]. 南京师范大学，2006.

[17] 李海军 . 基于语义的汉语短语结构歧义研究与实现 [D] . 西北大学，2006.

[18] 李济洪 . 汉语框架语义角色的自动标注技术研究 [D] . 山西大学，2010.

[19] 李娜 . 基于标注语料库的手部动作义场的“词汇—句法语义”接口研究 . 南京师范大学，2014.

[20] 李茹 . 汉语句子框架语义结构分析技术研究 [D] . 山西大学，2012.

[21] 李绍哲 . 俄语语料库和基于语料库的语法研究 [D] . 黑龙江大学，2012.

[22] 李素建 . 汉语组块计算的若干研究 [D] . 中国科学院计算技术研究所，2002.

[23] 刘海静 . 汉语框架排歧技术研究 [D] . 山西大学，2011.

[24] 刘金凤 . 面向自然语言处理的汉语句子语义知识库构建研究 [D] . 鲁东大学，2009.

[25] 刘炱 . 汉语框架语义知识库信息组织与表示方法研究 [D] . 山西大学，2007.

[26] 刘一韬 . 基于汉语虚词用法的语义角色标注研究 [D] . 郑州大学，2015.

[27] 吕雷 . 汉语框架语义角色自动标注研究 . 山西大学 [D]，2014.

[28] 马琦敏 . 现代汉语语义词类系统研究 [D] . 南京师范大学，2013.

[29] 祁文慧 . 基于自然语料库的幼儿（三岁前）语义系统研究 . 南京师范大学 [D]，2008.

[30] 石柳 . 句法及语义联合标注方法的研究与实现 [D] . 中国科学技术大学 2009.

[31] 孙道功 . 词汇 – 句法语义贯通研究的新探索 [D] . 南京师范大学，2008.

[32] 田巧燕 . 基于知网语义相关度的汉语短语结构歧义消歧方法的研究 [D] . 宁夏大学，2008.

[33] 屠明萍 . 基于知网和语义词类的词义标注研究 [D]. 南京师范大学，2013
[34] 王步康 . 基于依存树核函数的语义角色标注研究 [D]. 苏州大学，2012.
[35] 王广东 . 计算语言学视角下的语料库标注探析 [D]. 华中科技大学，2012.
[36] 王瑞波 . 基于条件随机场模型的汉语框架语义角色自动标注研究 [D]. 山西大学，2009.
[37] 王蔚林 . 基于最大熵模型的汉语框架语义角色自动标注 [D]. 山西大学，2010.
[38] 王瑜婷 . 名词语义词类范畴与句法语义范畴的对应 [D]. 南京师范大学，2013.
[39] 王智强 . 基于依存特征的汉语框架语义角色自动标注 [D]. 山西大学，2012.
[40] 魏莉 . 汉语完全句法树库一致性检验方法研究 [D]. 山西大学，2011.
[41] 吴中兴 . 面向机械设计领域的概念从属树模型研究及实现 [D]. 西安电子科技大学，2004.
[42] 徐瑞 . 一个中文语义语料库的研究与建设 [D]. 苏州大学，2006.
[43] 杨战 . 基于隐马尔可夫模型的自动和弦识别 [D]. 哈尔滨工业大学，2010.
[44] 张惠春 . 面向框架语义的汉语短语自动识别研究 [D]. 山西大学，2006.
[45] 张丽颖 . 基于聚类的网络舆情热点关键词推荐研究 [D]. 华北电力大学（北京），2016.
[46] 张立凡 . 基于词元语义特征的汉语框架排歧技术研究 [D]. 山西大学，2013.
[47] 张瑞霞 . 基于语义的汉语句法分析系统的研究与实现 [D]. 西北大学，

2005.

[48] 章婷. 以“吃”为枢纽的义网建构研究 [D]. 南京师范大学，2007 年

[49] 赵纪元. 面向文景转换的中文语义角色标注研究 [D]. 哈尔滨工业大学，2007.

[50] 赵文娟. 基于汉语框架本体的网络资源标注 [D]. 山西大学，2010.

[51] 周春耕. 计算机盲文翻译的研究与实现 [D]. 沈阳工业学院，2003 年.

[52] 周明海. 核心语义角色句法实现的词汇语义制约 [D]. 鲁东大学，2011

[53] 朱冲. 中文信息处理关键问题的研究 [D]. 桂林电子科技大学，2009.

[54] 朱帅. 基于双核处理器的纸币清分系统研究与设计 [D]. 东北大学，2011.

四、其他

[1] Wordnet：alexicaldatabaseforEnglish. http://wordnet.princeton.edu/wordnet/.

[2] 哈工大信息检索实验室.《同义词词林》扩展版 .http://www.ir-lab.org/.

[3] 董振东，董强 .HowNet. http://keenage.com.

附　录

一、现代汉语语义词类标注系统规范（部分）

词类问题辨析（部分）

常见多义词列举

1. 是

（1）判断词，这也是语料最常见的类型，如：

蓝天 /mc 是 /pd 白云 /mc 的 /zg 家 /mc，树木 /mc 是 /pd 小鸟 /mc 的 /zg 家 /mc，小河 /mc 是 /pd 鱼儿 /mc 的 /zg 家 /mc，泥土 /mc 是 /pd 种子 /mc 的 /zg 家 /mc。

2. 存现词，如：

靠 /jy 墙 /mc 是 /cx 一 /sl 张 /lb 书桌 /mc。

3. 表强调。

他们 /cd 是 /yq 勇敢 /zt 的 /yq。

2. 就是

（1）判断词，如：

我们 /cd 是 /pd 祖国 /mc 的 /zg 花朵 /mc，祖国 /mc 就是 /fs 我们 /cd 的 /zg 家 /mc。

（2）强调词，如：

就是 /pd 到 /zd 了 /st 晚年 /sj，也 /gl 仍然 /st 坚持 /zt 每天 /sj 作画 /xd 三 /sl 幅 /lb。

（3）关联词

不是 /gl 今天 /sj 去 /hzd，就是 /gl 明天 /sj 去 /hzd，反正 /pg 都 /pg 一样 /xz！

3. 有

（1）领有词，如：

人 /mc 有 /ly 两 /sl 个 /lb 宝 /mc。

不要紧 /x，不要紧 /x，我 /cd 有 /ly 硬硬 /xz 的 /zg 嘴巴 /mc。

（2）存现词，如：

山上 /kj 有 /ly 一 /sl 棵 /lb 小 /xz 松树 /mc，山下 /kj 有 /ly 一 /sl 棵 /lb 大 /xz 松树 /mc。

（3）引导词。

有 /ly 一天 /sj 早晨 /sj，鲁迅 /mc 上学 /zd 迟到 /xz 了 /st。

4. 笔

（1）名称词，如：

王维 /mc 思绪万千 /zd，提起 /xd 笔 /mc 来 /zd 写 /xd 了 /st《九月 /sj 九日 /sj 忆 //xd 山东 /mc 兄弟 /mc》这 /zb 首 /lb 诗 /mc。

（2）类别词，如：

我 /cd 何不 /xw 自己 /cd 画 /zd 几 /sl 笔 /lb？

另外，与之相关的还有“一笔”，在语义词类标注中处理为数量词，表约量，如一笔财富、一笔钱。

5. 就

（1）评估词，如：

① 我 /cd 就 /pg 住 /xd 在 /jy 这儿 /zb 吧 /yq！

② 毛主席 /mc 就 /gl 带领 /xd 战士 /mc 和 /gl 乡亲们 /mc 挖 /xd 了 /st 一 /sl 口 /lb 井 /mc。

（2）关联词，经常与“一”连用，如：

① 她 /cd 刚 /st 一 /sl 开口 /zd，肉 /mc 就 /gl 掉 /zd 了 /st 下来 /zd。

② 一 /gl 进 /xd 家门 /mc，陈毅 /mc 就 /gl 来到 /xd 母亲 /mc 床 /mc 前 //kj，拉 /xd 着 /st 她 /cd 的 /zg 手 /mc，细心 /fz 地 /zg 询问 /xd 病情 /mc。

6. 要

（1）祈使词，如：

老师 /mc 要 /qs 我 /cd 明天 /sj 下午 /sj 去 /zd 一下 /lb。

（2）时体词，如：

一 /sl 封 /lb 写 /xd 给 /jy 要 /st 冬眠 /zd 的 /zg 青蛙 /mc，盖 /xd 好 /xz 被子 /mc 别 /pg 着凉 /dz 生病 /dz。

（3）评估词，表示理应 / 意愿，如：

小河 /mc 说 /xd：“这 /zb 要 /pg 感谢 /gz 你 /cd 呀 /yq！”

（4）协动词，如：

只见 /pg 爸爸 /mc 在 /jy 电脑 /mc 前 /kj 敲了 /xd 几 /sl 下 /lb 键盘 /mc，鼠标 /mc 点得 /xd 飞快 /xz，一会儿 /sj 就 /gl 把 /jy 我 /cd 要 /xd 的 /zg 资料 /mc 找到 /xd 了 /yq。

7. 那么

（1）评估词，表程度（那么多）

将士们 /mc 想 /gz，朱德 /mc 同志 /mc 工作 /mc 那么 / pg 忙 /xz，还要 /pg 翻山越岭 / zd 去 /xd 挑 /xd 粮 /mc，累 / xd 坏 /xz 了 /st 怎么办 /xw？

那时 /zb 的 /zg 天空 /mc 总是 /pd 那么 /zb 湛蓝 /xz、透亮 /xz，好像 / by 用 / jy 清水 /mc 洗 /xd 过 /st 的 /zg 蓝宝石 /mc 一样 /zg。

（2）关联词（如果……那么）

如果 /gl 今天 /sj 还 /pg 没 /pg 到 /zd，那么 /gl 只能 /pg 明天 /sj 去 /zd 了 /yq。那么 /gl，海底 /mc 是否 /xw 一点儿 /sl 声音 /mc 没有 /pg 呢 /yq?

8. 什么

（1）询问词，表疑问，如：

我 /cd 问 /xd 爸爸 /mc 什么 /xw 叫 /xd“充电 /zd”/

（2）指别词，表任指。

安培 /mc 好像 /pd 什么 /zb 也 /gl 没有 /pg 看见 /xd，什么 /zb 也 /gl 没有 /pg 听见 /xd，只顾 /pg 低着 /xd 头 /mc 朝前 /jy 走 /zd。

9. 哪里

（1）询问词，表地方，如：

晚上 /sj 到 /jy 哪里 /xw 借宿 /hzd 呢 /yq？

（2）指别词，表任指。如：

哪里 /zb 有 /ly 洪水 /mc，哪里 /zb 就 /gl 有 /ly 军旗 /mc 飘扬 /zd；哪里 /zb 有 /ly 危险 /mc，哪里 /zb 就 /gl 有 /ly 军徽 /mc 闪烁 /zd。

（3）评估词，表否定。

村民们 /mc 闻声 /zd 赶来 /zd，哪里 /pg 有 /cx 什么 /xw 狼 /mc！

9. 谁

（1）询问词，表疑问，如：

这 /zb 姑娘 /mc 是 /pd 谁 /xw 呢 /yq？原来 /pg 她 /cd 是 /pd 王母娘娘 /mc 的 /zg 外孙女 /mc。

（2）指别词，表示任指，如：

太阳 /mc 已经 /st 偏 /zd 西 /kj，谁 /zb 也 /gl 不肯 /pg 走 /zd。

9. 像

（1）比喻词，如：

夕阳/mc 也/gl 渐渐/fz 收敛/xd 了/st 光芒/mc，变得/cx 温和/xz 起来/qx，像/by 一/sl 只/lb 光焰/mc 柔和/xz 的/zg 大红/xz 灯笼/mc，悬/zd 在/jy 海/mc 与/gl 天/mc 的/zg 边缘/kj。

（2）介引词，如：

我/cd 知道/gz 我/cd 做/xd 总统/mc，永远/fz 无法/zd 像/jy 父亲/mc 做/xd 鞋匠/mc 那样/zb 做/xd 得/zg 那么/pg 好/xz。”

10. 天

（1）名称词，表示天气义，如：

天/mc 冷/xz 了/st，许多/sl 花/mc 谢/mc 了/st。

（2）时间词，大都与“一”连用，如：

一天/sj 晚上/sj，一/sl 艘/lb 飞船/mc 在/jy 太空/mc 散步/zd。

注意：如果“一天”前可以加“有”，意义未发生改变，此时“一天”作为一个词进行标注，如果不能加“有”，通常要把“一天”分开标注。如“住/zd 了/st 一/sl 天/jw”。

11. 好

（1）性质词，如：

“好/xz 诗/mc！好/xz 诗/mc！”先生/mc 连连/st 点头/zd 称赞/xd。

邓小平/mc 爷爷/mc 小时候/sj 就/gl 能/pg 写/xd 一/sl 手/lb 好/xz 字/mc，经常/st 受到/xd 先生/mc 的/zg 夸奖/mc。

（2）状态词，如：

一会儿/sj 功夫/sj 就/pg 好/zt 了/yq。

（3）评估词，表示程度：

过/xd 了/zg 好/pg 一会儿/sl。热闹/zt 了/st 好/pg 一阵/sl 的/zg 石榴花/mc 渐渐/st 地/zg 谢/zd 了/st。

12. 生活

（1）自动词，如：

青蛙 /mc 长期 /st 生活 /zd 在 /jy 湖边 /kj，很 /pg 想 /gz 看看 /xd 大海 /mc。

（2）名称词，如：

当时 /sj，钱学森 /mc 享受 /zd 着 /st 优厚 /xz 的 /zg 待遇 /mc，有 /ly 富裕 /xz 的 /zg 生活 /mc 和 /gl 优越 /xz 的 /zg 工作 /mc 条件 /mc。

13. 起来

（1）时体词，如：

有的 /JS 为了 /jy 行走 /zd 快捷 /zt，索性 /fz 赤脚 /fs 奔跑 /zd 起来 /st。

（2）自动词，如：

请 /qs 起来 /zd，廉 /mc 将军 /mc，请 /qs 起来 /zd 吧 /yq。

（3）趋向词，如：

一切 /zb 都会 /pg 好 /xz 起来 /qx 的 /zg，亲爱 /xz 的 /zg。

14. 来

（1）自动词，如：

小弟弟 /mc，你 /cd 从 /jy 哪里 /xw 来 /zd？

（2）趋向词，如：

科学家 /mc 派 /qs 我 /cd 来 /qx 做 /xd 飞行 /zd 试验 /mc。

（3）语气词，如：

麻雀 /mc 比起 /jy 您 /cd 来 /yq，可 /pg 就 /gl 差 /xz 多 /pg 了 /yq。

（4）关联 gl（表目的）词，如：

用 /jy 刀 /mc 来 /gl 切 /xd 肉 /mc。

（5）数量词，表概数，如：

三百来人。十来天

15. 头

（1）名称词，如：

孔子 /mc 用 /jy 赞许 /dz 的 /zg 眼光 /mc 看 /xd 着 /st 他们 /cd，微微 /fz 地 /zg 点 /xd 了 /st 点 /xd 头 /mc。

（2）计位词，如：

一 /sl 头 /jw 花白 /xz 的 /zg 头发 /mc 更 /pg 衬出 /xd 他 /cd 的 /zg 忠厚 /xz。

（3）类别词，如：

一 /sl 头 /lb 美丽 /xz 的 /zg 小鹿 /mc 走 /zd 了 /st 过来 /qx。

（4）空间词，表位置，如：

吾 /cd 家 /mc 洗砚池 /mc 头 /kj 树 /mc。

二、句法语义范畴标注规范（部分）

1. 结核范畴的问题

（1）自动核、协动核

自动核、协动核与致变核都属于施动类。自动核、协动核所搭配的主语通常充当施事角色。自动核与协动核的区别是，前者通常是不及物动词充当的，后者通常是及物动词充当的。但是自动核不等同于不及物动词，协动核也不等于及物动词。从语义看，判断自动词和协动词的标准在于所支配基本论元的数量。自动核属于一价动词类，在句法层面组合时需要搭配一个基本论元，协动核属于二价动词类，在句法层面需要搭配两个基本论元。自动核如来、走、起飞、驻扎、微笑、生病、沉思、起来、飘浮、冲垮、呼啸、下（雨）、到期、过期，协动核如结婚、给、派、吃、挖。

自动核用例如：

我们 /cd［JZI］立正 /hzd【HZD】，〈LLG〉向 /jy 您 /cd［JXZ］敬礼 /hzd【HZD】。{YCS}

协动核用例如：

这/zb 座/lb 塔/mc，［JYB］头/mc［JS］顶/hxd【HXD】蓝天/mc［JSS］，〈LLG〉脚/mc［JS］踩/hxd【HXD】大地/mc［JSS］，〈LLG〉像/hpd【HBY】一/sl 个/lb 巨人/mc［JYT］。{YCS}

（2）感知核和协动核

感知核和协动核形式上看有点类似，都可以带宾语。但感知核表示感知活动，与人的心理或思维活动相联系，如想、感觉、喜欢、知道、希望、打算等，而协动词与心理活动无关。

感知核用例如：

大家/cd［JGS］都/pg［JFV］很/pg［JCD］喜爱/hgz【HGZ】它/cd［JSG］。{YCS}

得/pg 想/hxd【HGZ】办法/mc［JJG］动员/hxd【HXD】他们/cd［JYS］回来/hxd［JQS］呀/yq！{YGT}

协动核用例如：

她/cd［JS］抱/hxd 着/st【HXD】明月/mc［JSS］，她/cd［JS］背着/hxd【HXD】星星/mc［JSS］，那/zb 轻轻的/xz 潮声/mc 啊/gt［JDS］，是/hpd【HPD】她/cd［JS］睡熟/dz 的/zg 鼾声/mc［JSD］。{YCS}

但需要注意的是有些词既可以做感知词，也可以做协动词。如看、听等。其区别的依据在于：感知词是心理动词，一般是被动接受外在事物的；协动词是主动地发出动作的。所以要区分两个“听”，如果是偶然地听到某个声音，这里的“听”是感知词，而“听音乐”的“听”是主动发出动作的，所以是协动词。“看”的区分亦然。

（3）存现核和判断核

存现核主要出现在存现句中，表示某地存在、出现或消失了人或事物，常见的表存现的动词如有、是。如：

上海/kj 黄浦江/mc 边/kj［JYU］，有/hcx【HCX】一/sl 座/lb 广播/mc 电视塔/mc［JSU］。{YCS}

冬天/sj［JSJ］地上/kj［JYU］都/pg［JFV］是/hpd【HCX】冰雪/mc

[JSU] ,

另外还有些动词，如站、飞、飘等，但都需要与“着”连用。

判断核表判断关系，常见的判断动词是“是”。存现核和判断核大多数情况下容易区分。比较复杂的是有少数动词就可以表示存现也可以表示判断，如“是”：

（4）表示判断关系的用例如：

孔繁森 /mc [JDS] 是 /hpd【HPD】一 /sl 位 /lb 优秀 /xz 的 /zg 援 /hxd 藏 /kj 干部 /mc [JSD]。{YCS}

（5）表示存现关系的用例如：

玻璃 /mc 上 /kj [JYU] 是 /hcx【HCX】一 /sl 只 /lb 苍蝇 /mc [JSC]。

（6）致变核和变化核

致变核对应的词语都是带有“使……变化”义，如热、炖等。如他热了饭。

变化核对应的词语都是带有“使……成为”义，如长成、生成、变成、变得、引起、产生。如：沙漠变成了绿洲、小树长成了大树。

致变核对其后的宾语影响是使其发生变化，但并不会转变成为其他事物；变化核对其后宾语的影响是使其发生变化，使其成为另外的事物。

2. 角色范畴的问题

（1）共事和与事

共事和与事并不相同，共事经常与交互动词搭配，与另一主体共同完成某种动作或行为。而与事通常是某动作行为的受益者，属于句法上的间接宾语。

共事的用例如：

我 /cd [JS] 天天 /zb [JSJ] 和 /gl 雪儿 /mc [JGO] 一起 /fs [JFS] 到 /hzd 阳台上 /mc [JCS] 去 /hzd【JQX】看 /hxd【HXD】蓝天 /mc [JSS]，〈LLG〉去 /hzd【JQX】看 /hxd【HXD】蓝天 /mc 上 /kj 那 /zb 飘飘悠悠的 /zt 白云 /mc [JSS] {YCS}……

如果在句子中没有“天天”，可以把“我和雪儿”一起标注为施事，但如果在句子中有了主次分别，就要分开标注，通常是施事和共事。

与事的用例如：

姑妈 /mc［JS］送 /hxd【HXD】我 /cd［JYS］一 /sl 只 /lb 小鸟 /mc［JSS］，〈LLG〉绿色 /mc 的 /zg［XTZ］羽毛 /mc【ZDS】，黄色 /mc 的 /zg［XTZ］嘴巴 /mc【ZDS】，两 /sl 只 /lb 眼睛 /mc［JDH］一 /sl 闪闪 /xz 的 /zg【HXZ】，非常 /pg［JCD］可爱 /xz【HXZ】。

（2）所变和所成

所成与所变的区别在于，所成在动作发生前是不存在的，属于动作发生或完成之后的结果。而所变在动作发生前已经存在，动作发生后对其产生影响，使其状态或形态等发生改变。

概括言之，所成就是要看“造出了什么东西”。

所成的用例如：

不 /pg（PFD）一 /sl 会儿 /sj［JSJ］，云 /mc 房子 /mc［JCH］造好 /hxd 了 /st【HXD】。

如果 /gl 用 /jy 这 /zb 只 /lb 鹿 /mc 的 /zg 毛皮 /mc［JCL］做 /hxd【HXD】件 /lb 衣服 /mc［JCH］穿 /hzd 上 /qx【HXD】，〈LJS〉我 /cd［JDH］一定 /pg（PKD）会 /pg（PYN）显得 /hxd【HXS】更加 /pg［JCD］漂亮 /xz［HXZ］！

所变的用例如：

六月 /sj［JDS］是 /hpd【HPD】鸟岛 /kj 最 /pg 热闹 /xz 的 /zg 时候 /sj［JSD］，各种各样 /xz 的 /zg 鸟儿 /mc［JS］聚 /dz 在 /jy 一起 /fs【HXD】，小岛 /mc［JS］成了 /hcx【HBH】鸟 /mc 的 /zg 世界 /mc［JSB］。

（3）位置 / 域事 / 地点 / 处所 / 方位

位置 / 域事 / 地点 / 处所，标注时有时容易混淆。尤其是位置和处所。根据标注规范，位置指动作或行为所作用的具体地方。域事指处于句首的时空成分（包括有介词引导的时空成分），通常是存现句的处所主语。地点指动作或行为发生或存在的具体区域名称，包括地名或国家名称等。处所指动作行为存在或发生的场所，通常处于状语或补语位置，不出现在主语位置。方位指动作行为发生的方向（另外还包括这事物名词 + 方位词（词缀）处于句首的情况）。

注意：处所和位置的区分，通常是这样的：如果事物是二维的，就是位置，如果是三维的，就是处所。一般来看，大的是处所，小的是位置。如心上属于位置。

域事是处于句首的时空成分。

位置的句例如：

只有 /gl 那 /zb 淙淙 /sz 的 /zg 流水 /mc 声 /mc［JS］萦绕 /hxd【HXD】在 /jy 他 /cd 的 /zg 耳畔 /kj［JWZ］。

域事的句例如：

山谷 /mc 里 /kj［JYU］只 /pg 有 /hly【HCX】一 /sl 种 /lb 黄颜色 /mc 的 /zg 蝴蝶 /mc［JSC］。

地点的句例如：

一百六十多年前 /sj［JSJ］，法国 /kj［JYU］有 /hcx【HCX】个 /lb 著名 /xz 的 /zg 物理学家 /mc［JSC］叫 /hpd【HPD】安培 /mc［JSD］，他 /cd 搞 /hxd 科学 /mc 研究 /mc［JDH］非常 /pg 专心 /xz【HZT】。{YCS}

处所的句例如：

一天 /sj 晚上 /sj［JSJ］，徐虎 /mc［JS］从 /jy 箱子 /mc 里 /kj［JCS］取出 /hxd【HZB】五 /sl 张 /lb 纸条 /mc［JSB］。{YCS}

方位的句例如：

弓弩手 /mc［JS］个个 /lb［JFS］张弓 /hxd 搭 /hxd 箭 /mc【HZD】，〈LLG〉两 /sl 眼 /mc［JS］盯 /hxd 着 /st【HXD】前方 /kj［JFW］，

在标注时，较常见的问题是把处所标注为方位、位置的用例。

要注意辨别所标注句子是否是存现句。另外，语料中与位置 / 域事 / 地点 / 处所 / 方位相关的例句还有：

从 /jy 里面 /kj［JCS］

房子 /mc 里 /kj［JCS］

嘴里 /kj［JCS］

寺 /kj 外 /kj［JCS］，

从 /jy 行囊 /mc 里 /kj [JCS]

在 /jy 校园 /mc 里 /kj [JCS]

在 /jy 路灯 /mc 下 /kj [JCS]

从 /jy 南方 /kj [JFW] 飞来 /hzd【 HZD 】。

在 /jy 欧洲 /mc 生物 /mc 学界 /mc [JCS]

在 /jy 大西洋 /kj 上 /kj [JCS]

湖北 /kj 西部 /kj 山区 /mc [JDD]

家乡 /mc [JDD]

前往 /jy 隆中 /mc [JDD]

鲁国 /kj [JDD]

（4）感事和感者

感事和感者，虽然在名称上有点类似，实际上有很大不同。感事是感知动词的发出者，通常都是人类。而感者通常是事物，处于主语位置，属于感知的对象或谈论的话题。

感事的用例如：

勤劳 /xz 而 /gl 聪明 /xz 的 /zg 埃及人 /mc [JGS] 想出 /hxd 了 /st【 HGZ 】许多 /sl 科学 /mc 的 /zg 方法 /mc [JSG]。

感者的用例如：

母亲 /mc 的 /zg 恩情 /mc [JGZ] 孟郊 /mc [JGS] 永远 /st（TSZ）铭记 /hgz【 HGZ 】在心 /kj [JFW]，就 /gl 在 /jy 他 /cd50/sl 岁 /jw 那年 /sj [JSJ]，写 /hxd 成 /hzb【 HZB 】了 /st 这 /zb 首 /lb 著名 /xz 的 /zg 小诗 /mc《游子 /mc 吟 /mc》[JSB]。{YCS}，

（5）自事和当事

在标注规范中，自事通常与一价动词搭配，主要是由表示一些自然现象和自然物的名词充当。自事后面多跟状态词。而且在句子中，结核和自事互换位置，意义基本不会改变。

用例如：

① 可是 /gl，〈LZZ〉就 /st 在 /jy 书稿 /mc 即将 /st 付印 /hxd 前 /sj [JSJ]

发生 /hzd 了 /st【HZD】一 /sl 件 /lb 意想不到 /hgz 的 /zg 事情 /mc［JZI］。

② 西坡 /kj［JYU］长满 /hzd【HZD】松 /mc、柏 /mc、柘 /mc、女贞 /mc 等 /zg 杂树 /mc［JSC］。

注意：该句应该处理为存现句。

③ 他 /cd［JDH］更加 /pg［JCD］勤奋 /zt【HZT】。

④ 但 /gl 他 /cd［JDH］毫不 /pg（PFD）气馁 /zt【HZT】，急起直追 /zt【HZT】。

⑤ 每天 /st［JSJ］天 /mc［JZI］刚 /fz（TGF）亮 /xz【HZT】，

⑥ 学习 /hzd 成绩 /mc［JZI］在 /jy 班上 /kj［JCS］名列前茅 /dz【HZT】。

⑦ 李时珍 /mc 领 /hxd 着弟子 /mc 宠宪 /mc［JDH］，饥餐渴饮 /hzd【HZT】，晓行夜宿 /dz【HZT】，

⑧ 山风 /mc［JZI］呼啸 /hzd【HZD】，猫头鹰 /mc［JZI］在 /st（TJX）叫 /hxd 着 /st【HZD】。

⑨ 只有 /gl 远处 /kj 的 /zg 风 /mc 座 /mc 灯塔 /mc［JS］闪烁 /hzd【HZD】着 /st 微弱 /xz 的 /zg 光芒 /mc［JZI］。

⑩ 林［JZI］/mc 暗 /xz【HXZ】草 /mc［JS］惊 /hxd【HXD】风 /mc［JSS］。

由于在标注中对自事内涵把握的不够准确，会把自事标注为其他。如：

① 一 /sl 只只 /lb 羊儿 /mc［JZI］涌出 /dz 了 /st【HZT】圈 /lb 门 /mc［JCS］，〈LLG〉蹦 /hxd 跳 /hxd 着 /st【HZT】奔向 /hxd【HXD】无边 /xz 的 /zg 草原 /mc［JSS］。{YCS}

正确的标注是：

一 /sl 只只 /lb 羊儿 /mc［JS］涌出 /dz 了 /st【HZD】圈门 /mc［JCS］，〈LLG〉蹦 /hxd 跳 /hxd 着 /st【HZT】奔向 /hzd【HZD】无边 /xz 的 /zg 草原 /mc［JCS］。{YCS}

② 怀素 /mc［JZI］写字 /hzd【HZD】

正确的标注是：怀素 /mc［JS］写字 /hzd【HZD】

（6）与事和对者

与事通常是某动作行为的受益者，属于句法上的间接宾语，处于宾语位置。有的同学把与事错标为对者，用例如：

许多年 /sj 来 /st［JSJ］，徐虎 /mc［JS］利用 /hxd【HXD】休息 /mc 时间 /mc［JSS］走遍 /hxd【HXD】了 /st 千家万户 /mc［JCS］，给 /jy 大家 /cd［JTZ］带来 /hxd【HXD】了 /st 方便 /mc［JSS］。

有些也把由介引词把引导的“受事”错标注为“对者”。用例如：

可惜 /xz 这里 /zb［JSC］没有 /hly【HCX】一 /sl 个 /lb 画工 /mc［JSC］，〈LLG〉把 /jy 这 /cd 荷花 /mc［JSS］画 /hxd【HXD】下来 /qx［JQX］。

而对者通常处于状语位置，以介引词“对”为形式标记。用例如：

正当 /jy 梨树 /mc 成活 /hzd 的 /zg 时候 /sj［JSJ］，一 /sl 只 /lb 乌鸦 /mc［JS］“哇哇 /sz”地 /zg 对 /jy 猴子 /mc［JDZ］说 /hxd【HXD】：“猴哥 /mc［DHY］，猴哥 /mc［DHY］，你 /cd［JS］怎么 /xw 种 /hxd【HXD】梨树 /mc［JSC］呢 /yq？{YYW}

另外，对者还有一种类型，如：“妈妈教育孩子”，其语义是“妈妈对孩子教育”。这里的“孩子”不是受事。这种类型在语料中的用例不多，如：

沙利文 /mc 老师 /mc［JS］开始 /st（TQS）教诲 /hxd【HXD】海伦 /mc［JDZ］摸 /hxd 盲文 /mc［JSS］.

（7）情状类角色

基于语料考察，在新的规范中增加情状类。情状类主要包括以下几种类型。

a. 副状词充当。

①这时 /sj［JSJ］，埃斯内尔 /mc［JS］又 /gl 捧过 /hxd【HXD】一 /sl 只 /lb 闪闪 /xz 发光 /hzd 的 /zg 银杯 /mc［JSS］，〈LLG〉深情 /fz 地 /zg［JQZ］对 /jy 肖邦 /mc［JDZ］说 /hxd【HXD】。

②我 /cd［JS］被 /jy 这 /zb 喧闹 /xz 而 /gl 又 /gl 热烈 /zt 的 /zg 场面 /mc［JZY］感染 /hzd【HZD】了 /yq，〈LYG〉竟 /pg（PPJ）情不自禁 /fz 地 /zg 欢呼 /hzd【HZD】起来 /st。{YCS}

③全身 /mc［JS］脱 /hxd【HXD】得 /zg 光溜溜 /xz 的 /zg［JJG］，在 /jy 雨 /mc 中 /kj［JFW］奔跑 /hzd【HZD】跳跃 /hzd【HZD】，〈LBL〉大呼小叫 /hzd【HZD】，〈LBL〉尽情 /fz 地 /zg［JQZ］享受 /hxd【HXD】水 /

mc 带给 /hxd 我们 /cd 的 /zg 抚摸 /hxd 与 /gl 清凉 /xz［JSS］.

b. 状态词充当。

①韩勃 /mc 气愤 /zt 地 /zg［JQZ］说 /hxd：大人 /mc［DHY］，别 /pg（PFD）怪 /hxd【HXD】我 /cd 多事 /xz［JSY］.

②我 /cd［JS］要 /pg（PQL）跟 /gl 廉 /mc 将军 /mc［JGO］痛痛快快 /zt 地 /zg［JQZ］饮 /hxd【HXD】几 /sl 杯 /lb［JJL］！

③奔腾不息 /hzd ［XQZ］的 /zg 长江 /mc［JS］，转瞬间 /st（TTF）变成 /hzb 了 /st【HZB】一 /sl 条 /lb 暴怒 /zt 的 /zg 巨龙 /mc［JCH］，疯狂 /zt 地 /zg［JQZ］撕咬 /hxd 着 /st【HXD】千 /sl 里 /jw 江堤 /mc［JSS］.

（8）介词短语充当角色的处理

在句法语义范畴标注时，介引词是进行角色判断的重要依据。要以介引词为辅助进行判断角色类型。如：

a. 把……，后面一般接受事。

我们 /cd［JS］把 /jy 今天 /sj［JSJ］寻访 /hxd 所得 /mc［JSS］记 /hzd【HXD】下来 /qx［JQX］吧 /yq。

李时珍 /mc［JS］把 /jy 本子 /mc［JSS］摊开 /hxd【HXD】。

你 /cd［JS］把 /jy 药 /mc 包 /mc［JSS］拿 /hxd 来 /qx【HXD】。

您 /cd［JS］就 /s［YQD］ 把 /jy 我们 /cd［JSS］送到 /hxd【HXD】附近 /kj 的 /zg 荒岛 /mc 上 /kj［JCS］

b. 用……，后面一般接工具、材料。

他 /cd［JS］用 /jy 圆木 /mc［JCL］做 /hzd【HXD】了 /st 个 /lb 枕头 /mc［JSS］

庞宪 /mc［JS］用 /jy 陶碗 /mc［JGJ］舀来 /hxd【HXD】泉水 /mc［JSS］

用 /jy“电子 /mc 钱包 /mc”［JGJ］付款 /hxd【HXD】

用 /jy 那 /zb 小 /xz 红嘴 /mc［JGJ］吃

如果 /gl 用 /jy 这 /zb 只 /lb 鹿 /mc 的 /zg 毛皮 /mc［JCL］做 /hxd【HXD】件 /lb 衣服 /mc［JCH］穿 /hzd 上 /qx【HXD】，

你 /cd［JDS］是 /hpd【HPD】用 /jy 双拐 /mc［JGJ］走路 /hzd 的 /zg［JSD］吗 /yq？

c.……与……，后面一般接共事；但如果前后词性相同的话，且从内容看无主次之分，就做并列关系的关联词。

医院 /mc 全体 /mc 员工 /mc [JS] 在 /jy 这里 /zb [JCS] 与 /jy 她 /cd [JGO] 作 /hxd【 HXD 】最后 /st 的 /zg 告别 /mc [JSS]。

d. 替、为、给……，后面一般接替者。

有 /zb 人 /cd [JS] 为 /jy 明明 /mc [JDZ] 捐献 /hxd【 HXD 】了 /st 眼角膜 /mc [JSS]。

e. 为了……，通常表示目的。

为了 /jy 抓紧 /dz 时间 /mc [JMD]，他 /cd [JS] 用 /jy 圆木 /mc [JCL] 做 /hzd【 HXD 】了 /st 个 /lb 枕头 /mc [JSS]。

那些 /zb 病重 /xz 的 /zg 船员 /mc [JS] 为了 /gl 不 /pg 拖累 /hxd 大家 /cd [JMD]，对 /jy 哥伦布 /mc [JDZ] 说 /hxd【 HXD 】。

几 /sl 个 /lb 大国 /mc[JS]为了 /jy 争夺 /hxd 霸主 /mc 的 /zg 地位 /mc[JMD]，经常 /st（ PGP ）出兵 /hzd【 HXD 】征伐 /hxd【 HXD 】别的 /zb 国家 /mc [JSS]。

为了 /jy 保持 /hxd 患者 /mc 呼吸道 /mc 通畅 /zt [JMD]，必须 /pg（ PQL ）将 /jy 堵塞 /hxd 其间 /kj 的 /zg 大量 /sl 浓 /xz 血 /mc 痰 /mc [JSS] 排 /hxd【 HXD 】出来 /qx [JQX]。

为了 /jy 让 /hzs 孩子 /mc 复明 /hzb [JMD]，父母 /mc [JS] 就 /st 带着 /hxd【 HXD 】孩子 /mc [JSS] 到 /hxd【 HXD 】城里 /kj [JCS] 来 /qx [JQX] 了 /st。

为了 /jy 让 /hxd 母亲 /mc 容易 /xz 入睡 /hzd [JMD]，我 /cd [JS] 将 /jy 她 /cd [JSS] 轻轻 /xz 地 /zg 摇动 /hxd【 HXD 】。

3. 独语范畴的问题

独语范畴包括呼语、应答、寒暄、提示、信源、评价、拟声、感叹、同位等次类，需要注意的是：

（1）应答中的“是、不是、有、没有”等不要与结核中的判断核和领有核混淆。

（2）评价中的“据说、听说”不要与陈述结构中的依据角色混淆。

疑难例句讨论及解决方法

① 经过 /jy 半年 /sj 的 /zg 努力 /mc［JFS］，

经过 /jy3/sl 年 /jw 的 /zg 精心 /dz 施工 /hzd［JFS］，

随着 /jy 医院 /mc“非典 /mc”患者 /mc 的 /zg 急剧 /fz 增多 /hzd［JTJ］，

趁着 /fs 大好 /xz 的 /zg 月色 /mc［JTJ］，我们 /cd［JS］把 /jy 今天 /sj 寻访 /hxd 所得 /mc［JSS］记 /hzd【HXD】下来 /qx［JQX］吧 /yq.

② 在 /jy 欧洲 /mc 生物 /mc 学界 /mc［JCS］产生 /hz 了 /st 很 /pg 大 /xz 的 /zg 影响 /mc。

类似的还有，如“在 /jy 学习 /mc 上 /kj”、“在 /jy 父母 /mc 的 /zg 再三 /fs 呼唤 /hzd 中 /kj”应该如何标注？标注为处所。

③ 正如 /hpd［DXY］著名 /xz 的 /zg 数学家 /mc 华罗庚 /mc 所说 /mc，“勤 /xz 能 /pg 补 /hxd 拙 /xz 是 /hpd 良训 /mc，一分 /sl 辛苦 /mc 一分 /sl 才 /mc”［JSD］。

④ 眼看 /hxd【DTS】太阳 /mc 渐渐 /fs 下山 /hzd，飞鸟 /mc 归 /hzd 林 /mc［JCS］，只见 /hxd【HGZ】天鹅 /mc 在 /jy 冰上 /kj 互相 /fs 呼唤 /hxd 着 /st，好像 /pg 在 /st 讨论 /hxd：冰 /mc 封 /hxd【HGZ】湖面 /kj，没有 /pg 吃 /hxd 的 /zg，怎么办 /xw［JSG

⑤ 看来 /pg【HXD】只有 /gl 祁午 /mc 能 /pg（PNL）担当 /hxd 此 /zb 重任 /mc 了 /yq［JSS］

⑥ 这时 /zb［JYU］摊 /mc 上 /kj［JYU］没 /pg【HPD】什么 /pg 人 /mc［JSC］。

⑦ 哥伦布 /mc［JDH］这么 /zb 想着 /hgz【HGZ】，船 /mc［JDH］不知不觉 /xz［JFS］已经 /st（TWC）靠岸 /hzd【HZD】。

⑧ 李时珍 /mc［JS］领 /hxd 着 /st【HXD】弟子 /mc 宠宪 /mc［JSS］，饥餐渴饮 /dz【HDZ】，晓行夜宿 /dz【HDZ】。

⑨ 春联 /mc［JSY］读 /hzd【HXD】起来 /qx［JST］抑扬顿挫 /dz［HZT］，和谐 /xz 动听 /xz［HZT］。

刘备 /mc［JS］听 /hxd【HXD】了 /st 茅塞顿开 /dz【JJG】。

⑩ 搬来 /hxd【HXD】几 /sl 块 /jw 砖 /mc［JSS］垒成 /hzd【HXD】桌子 /mc［JSC］

⑪ 人们 /mc［JDS］都 /pg［JFE］称 /hxd【HPD】它 /cd 九 /sl 色 /mc 鹿 /mc［JSY］。

刘备 /mc［JS］把 /jy 他 /cd［JSS］当做 /hpd【HDR】自己 /cd 的 /zg 老师 /mc［JSR］，

⑫ “胭脂 /mc 草 /mc［JSS］捣烂 /hzd【HXD】了 /st，可以 /pg（JNL）治 /hxd【HXD】虫 /mc 咬伤 /mc［JSS］。”

⑬ 刀豆子 /mc［JSS］浇 /hxd 成 /hzb【HZB】渣子 /mc［JJG］吃 /hzd【HXD】下去 /qx［JQX］，能 /pg（PNL）治 /hzd【HXD】呃逆 /mc［JSS］。{YCS}”

⑭ 责任 /mc［JDH］应该 /pg［PLY］在 /hxd【HZD】我 /cd［JWZ］。难道 /pg（PFD）秘密 /mc 在 /hzd【HZD】野果子 /mc 里面 /kj［JCS］

⑮ 它 /cd［JDH］睡 /hzd【HZD】得 /zg 好 /pg 熟 /xz［JJG］哇 /yq！

睡 /hzd【HZD】得 /zg 正 /st（TJX）香【JJG】。

开 /hzd【HZD】不（PFD）快 /xz【JJG】

⑯ 多么 /pd［JCD］像 /hpd【HPD】它 /cd 的 /zg 母亲 /mc：红 /xz［XTZ］嘴 /mc【ZDS】红 /xz［XTZ］脚 /mc【ZDS】，灰 /xz 蓝色 /mc［XTZ］的 /zg 毛 /mc【JYT】.

⑰ 薄薄的 /xz 鸡蛋壳 /mc［JDH］之所以 /gl 能 /pg 承受 /hzy 这么 /zb 大 /xz 的 /zg 压力 /mc［JSS］，〈LYG〉是因为 /gl 它 /cd 能够 /pg 把 /jy 受到 /jy 的 /gz 压力 /mc 均匀 /xz 分散 /hxd 到 /jy 蛋壳 /mc 的 /zg 各个 /zb 部分 /mc［JWZ］。

⑱ 就 /st 拿 /hxd “绿 /xz 柳 /mc 舒眉 /hzd 辞 /hxd 旧岁 /mc，红桃 /mc 开口 /hzd 贺 /hxd 新年 /mc”来说 /zg［JSS］，“绿柳 /mc”［JSY］对 /hxd［HXD］“红桃 /mc”［JSY］，“舒眉 /hzd”［JSY］对 /hxd［HXD］“开口 /hzd”［JSY］，“辞 /hxd”对 /jy“贺 /hxd”，“旧岁 /mc”对 /jy“新年 /mc”。

⑲ 如果 /gl 下功夫 /hzd［JFS］背诵 /hxd【HXD】一批 /sl 名 /xz 联 /mc

［JSS］，〈LJS〉就 /st 能 /pg（PNL）帮助 /hxd【HZX】我们 /cd［JGS］感受 /hgz【HGZ】到 /jy 其中 /kj 的 /zg 声 /mc 律 /mc 美 /xz［JSG］，领略 /hxd【HXD】祖国 /mc 语言 /mc 的 /zg 无穷 /pg 奥妙 /mc［JSS］。{YCS}

⑳ 春风 /mc［JS］吹 /hxd【HXD】绿 /xz［JJG］了 /st 柳梢 /mc［JSS］，吹 /hxd【HXD】青 /xz［JJG］了 /st 小草 /mc［JSS］，吹 /hxd【HXD】皱 /xz［JJG］了 /st 河水 /mc［JSS］，吹 /hxd【HXD】鼓 /xz［JJG］了 /st 杏树 /mc 的 /zg 花苞 /mc［JSS］。

注意：无生命拟人化的事物也可以做施事。